水塘名稱

食用水塘

1. 薄扶林水塘
2. 大潭水塘
3. 香港仔水塘
4. 黃泥涌水塘
5. 九龍水塘
6. 船灣淡水湖
7. 萬宜水庫
8. 城門水塘
9. 下城門水塘
10. 大欖涌水塘
11. 石壁水塘
12. 二澳水塘

灌溉水塘

13. 黃泥墩水塘
14. 老虎坑水塘
15. 洪水坑水塘
16. 古洞水塘
17. 鶴藪水塘
18. 流水響水塘
19. 河背水塘
20. 清潭水塘
21. 拾塱水塘

供水水塘

22. 深井沉澱塘
23. 愉景灣水塘
24. 牛烏水塘
25. 牛角涌水塘

昔日水塘

26. 七姊妹水塘
27. 太古水塘
28. 佐敦谷水塘
29. 馬游塘水塘

16
18
17
13
20
19
8
10
22
9
5
23
1
3
4

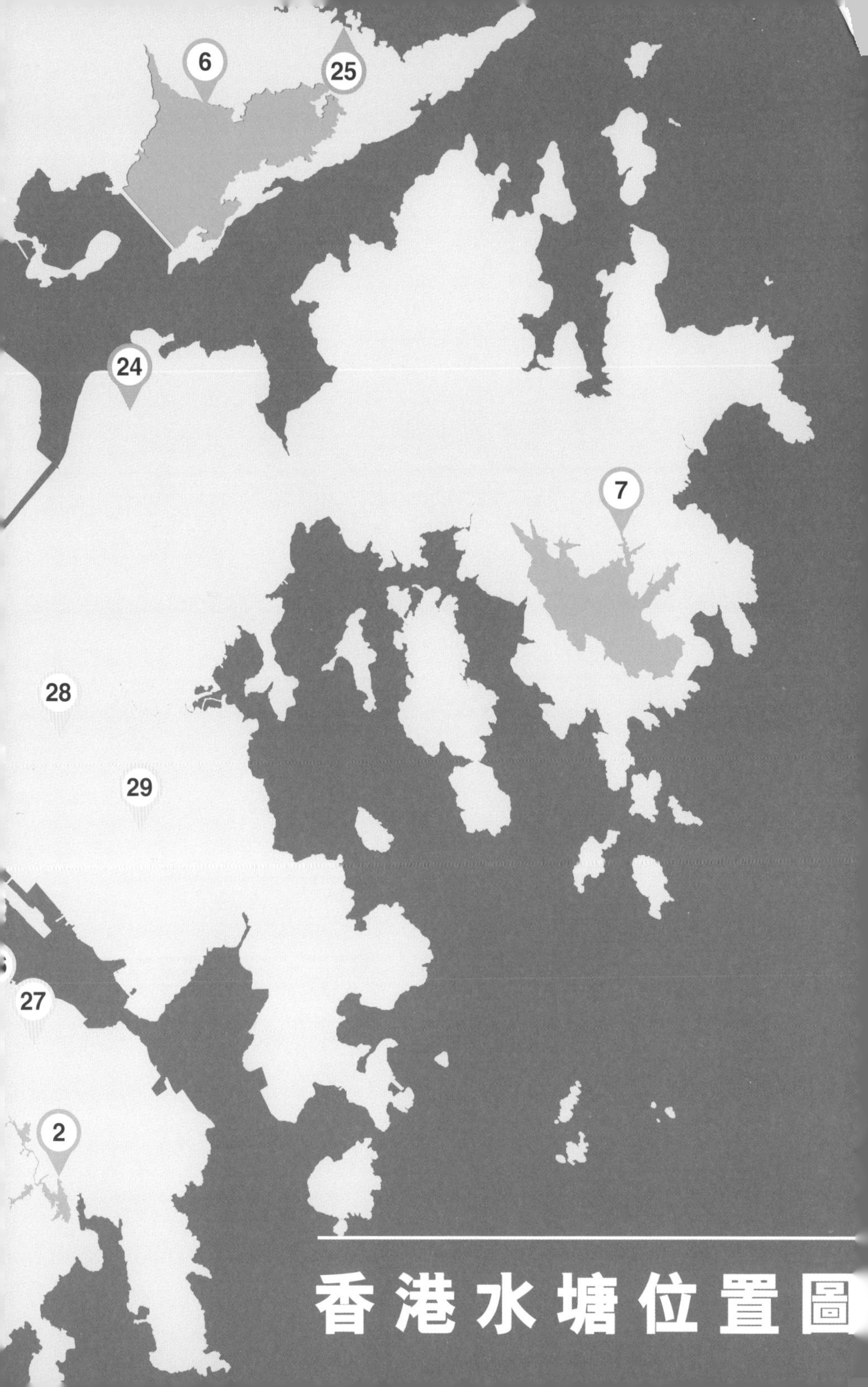

香港水塘位置圖

萬里機構

漫步遊水塘

文 黃梓莘

攝 王新民

序

某日，與友人王新民兄小休於城門水塘的白千層林蔭下，王兄突然頗有感觸地說：「行走香港山野多年，某日竟被一位行友把我問啞了。」我說：「得聞其詳？」王道：「原來香港四面環海，還有綠林掩映下許多水塘，然則，香港到底有多少個水塘呢？」

這個題目的確一時間也難弄清楚，香港水塘的發展，是隨城市的發展而發展，也緊隨市民需要而發展。

可以看到的是，水塘的多少不只是市民的食水問題、連帶而來的還有道路交通問題、植林聚水與綠化休憩用地問題；優化市民的綠色生活，使市民走在水塘區能感受到一種與城市完全迥異的感受。樹林濕潤的空氣，帶來的陰離子的滋潤，使腦袋享受到瞬間的空靈、清新的感覺；眼睛得到樹木翠綠色的撫慰，自然地禁不住挺起胸膛，張開雙手，大力地呼吸起來。

走在水塘道上，從它建設的年代，很自然地看到不同建設者的文化傳承而有所區別。我們也可從古蹟的級別中分辨到歷史的「氣味」。物品之大，能比天高，卻比不上一些藏在地下而被發掘出來的石塊，一排排的整齊序列的震撼力。

水浸滿了一池，剩下凸出水面山丘，成為小島；往日人們不屑一顧，現卻霎時爭相到來「打卡」，成為寵兒。沉在塘底的石塊路、屋基圍牆、風水樹林，人們都爭相拍照留念，因為知道既往之不可追！

然而，人們又可知道，香港水塘負有多少不同任務，有多少已完成了它的歷史任務，又隨時間的消逝而湮滅轉移？又焉知今天我們所願追求敍述之「倖存者」，又會在今後歲月中某一天，忽然被時代所終結？

我們會在王新民兄探索求真的照片中欣賞到時代的軌跡，享受文化的薰陶，也冀望讀者能闔家置身於嫩綠郊野，融入香港美好的山光水色中，共渡休閒假日，別辜負香港美好江山！

在本書中，也讓讀者看到香港眾多昔日水塘之朦朧身影！既知往昔，珍惜今日！

黃梓莘

目錄

序……2

第一章　食用水塘

香港島

01 薄扶林水塘……8

02 大潭水塘（大潭上水塘、大潭副水塘、大潭中水塘、大潭篤水塘）……18

03 香港仔水塘……32

04 黃泥涌水塘……42

九龍

05 九龍水塘（九龍水塘、九龍副水塘、九龍接收水塘、石梨貝水塘）……50

新界東

06 船灣淡水湖……60

07 萬宜水庫……72

新界西

08 城門水塘……82

09 下城門水塘……94

10 大欖涌水塘……100

離島
11 石壁水塘……110
12 二澳水塘……120

第二章　灌溉水塘

新界西
13 黃泥墩水塘……128
14 老虎坑水塘……134
15 洪水坑水塘……140

新界北
16 古洞水塘……146
17 鶴藪水塘……150
18 流水響水塘……160
19 河背水塘……168
20 清潭水塘……174

離島
21 拾塱水塘……182

第三章　供水水塘

22 深井沉澱塘……190
23 愉景灣水塘……196
24 牛烏水塘……202
25 牛角涌水塘……206

第四章　昔日水塘

26 七姊妹水塘……212
27 太古水塘……216
28 佐敦谷水塘……220
29 馬游塘水塘……222

附錄：解決食水需求的方法

東江之水　不可不來……224

*註：下城門水塘位於沙田區，建議與城門水塘一同遊覽。故文章放在城門水塘之後。

供給市民日常飲食和生活用水

第一章
食用水塘

01 薄扶林水塘

香港第一個水塘

建成年份	1863 年
容量	0.233 百萬立方米
主壩：長／高（米）	171 米 /18 米
地區	港島南區

漢人自古以來就懂得鑽木取火，亦懂得鑿地取水，知水習性往低流；於是除溪流外，便是鑿井取水，並觀地勢而明泉水之所趨聚處！但這方法只供井水以飲用而已；挖地成塘，是作養魚畜牧，非為飲用。

建於一八六三年，是香港首個公共水塘。

歐人亦有先進取水方法

反觀歐人古羅馬，非常注重飲用蓄水以及運水輸送。當古羅馬佔領約旦、敘利亞等荒漠國家，便在那裏挖地築池蓄水，並因應地勢，沿途築建高架輸水渠道，把水引進城市中去，這種輸水方法，從許多被他們統治過的地方，都有明顯遺蹟告訴我們。

第一個造塘儲水計劃

英國人同樣懂得古羅馬人儲水、輸水方法。英人佔領香港後，於一八四八年起從港島西部的「佔領角」開始發展，而香港四周環海，無淡水河流，如何儲蓄食水更形重要；於是懸紅千元徵求獻計，最後有獻計在薄扶林山谷築壩儲水之說，但仍趕不上人口不斷增加的需求，及後便有興建更大型水塘的想法。

水塘主要是靠接收山澗的水源

水塘配水庫通風口為三級歷史建築物。

英由西部登陸　發展從西端始

英國人是於港島西部「佔領角」登陸，佔領香港，今天該區有「佔領角」，香港村、裙帶路等等遺蹟；第一個水塘也就在西部開首興建。

因薄扶林水塘是香港興建的第一個水塘，許多城市設置都因而增加，如滅火頭的位置及供水點，因此費用被佔用，水塘容量也縮減，建成之後，便立即展開擴建工程，至一八七七年竣工時，並有大潭水塘計劃。

東西縱橫十七里　香港名勝故事多

全港由東邊（極東）黑角頭（哥連臣角）至極西的摩星嶺西咀，全長十七公里，薄扶林水塘位於距西端不過兩公里許，在西高山南脈山谷中，今北上跨山即民房西環區，南下即

周邊地區

名聞中外的中華廚藝學院

屬於法定古蹟的伯大尼修院，現時為演藝學院第二校舍。

傷健騎術學校

（第一條村）薄扶林村，再南鄰薄扶林花園、置富花園，跨薄扶林路為雞籠環、華富邨，此為遠航輪到此取水之瀑布灣，外側為百尺矮山入海山咀「荔枝頭」，即是與「荔枝窩、荔枝莊、荔枝角、荔枝頭」湊為四組同義絕句名對。

水塘西，跨薄扶林路為碧瑤灣路，落至巴士站，舉目外望，為海灣遼闊深藏，綠水黛山，繁華而恬靜，人間難得淨土，灣外輕持小小山咀，其名為與西大澳之牙鷹咀相同。

薄扶林是古村　古來傳說多多

薄扶林村是香港最古老的一條村，在奇力山餘脈的山窩內，因地勢狹迫沒被發展商看中，原村得以保留。

村面向主要公路，內裏街道看似縱橫複

擠奶牛棚，今已難見。

草蘆，用作儲存牧草之用，外型仿如堡壘。

村民正製作火龍

雜，而有主次分明感覺，商舖聚於大街，利於商貿運作，居民到此購買日用所需。

村中傳聞有二：石獅夜出擾人，後村民以繩縛之遂止；又云其一失蹤，實未曾深入查探，它藏在村中巷內一角。

另一傳聞：李靈仙姐事跡，仙姐向某族人顯靈建議溪旁造塔，建成後座向未能全按仙姐指示，故村人未能盡顯所長，而村則仍可保延續云云。

薄扶林村名　旅行界留名

薄扶林水塘與香港旅行界扯上關係，是於一九六七年四月，本港位列第二的旅行組織「山海之友」，創隊開發第一條路線，就是「九塘連走」——在一天之內將港島現存的九個水塘全部串走行完全程，這正是以薄扶林水塘為起點；當天薄扶林道的水塘道入口，參加行友

薄扶林村

下瀑布灣全景，風景優美。

擠得水洩不通，盛況空前。領隊李君毅先生，又號「千景堂主」，惜已離世，旅行界人無不緬懷惋惜，獨留韻事於旅人心中。

關於「薄鳬林」的名字討論

地圖今註「薄扶林」是三字連在一起構成地名，惹起人們費解和爭議，據清朝《新安縣志》，應是「薄鳬林」，此「薄」何來？原來就是「鳬」的鳥名，據林棲息，遂得此地名，恰似沙頭角道鹿頸路口的「白鶴林」一樣。

爭論者已證「薄鳬」即「棉鳬」，屬同一種鳥類，故毋須爭議，此「薄鳬林」地名，道理甚明。

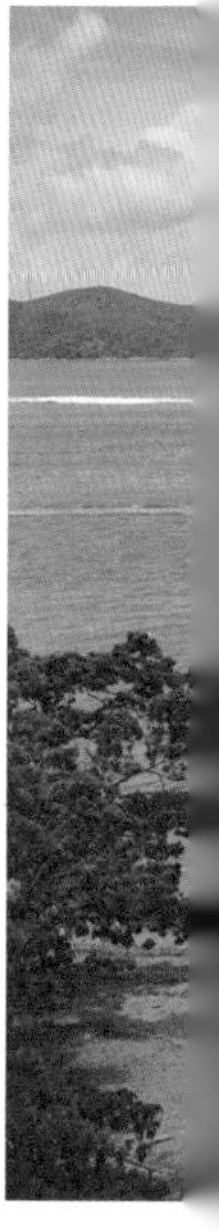

瀑布灣又稱雞籠環

瀑布灣瀑布

豆娘，清潔的水源才能吸引牠。

李靈仙姐塔

以下水塘建築物已被列為法定古蹟

建築物	落成年份	備註
前看守員房舍	一八六〇至一八六三年	新古典建築風格
量水站	一八六三年	監測存水量、水流和深度 輸水隧道進出口為意大利文藝復興風格
四座石橋	一八六三至一八七一年	花崗拱型橋躉為文藝復興風格
水塘堆土堤壩	一八六三年	
水塘舊石壩	一八六三年	水塘最古老殘存建築，並在擴建後失去功能。
濾水池	一八六三年	

建議遊覽路線

在太平山頂沿薄扶林郊野公園向下行，順序是水塘、香港大學大學堂、傷健騎術學校、伯大尼修院及中華廚藝學院。意猶未盡的話，可到華富邨的瀑布灣。

風景 ★★☆☆☆

易行 ★☆☆☆☆

評語 屬於古蹟，可欣賞南區風景

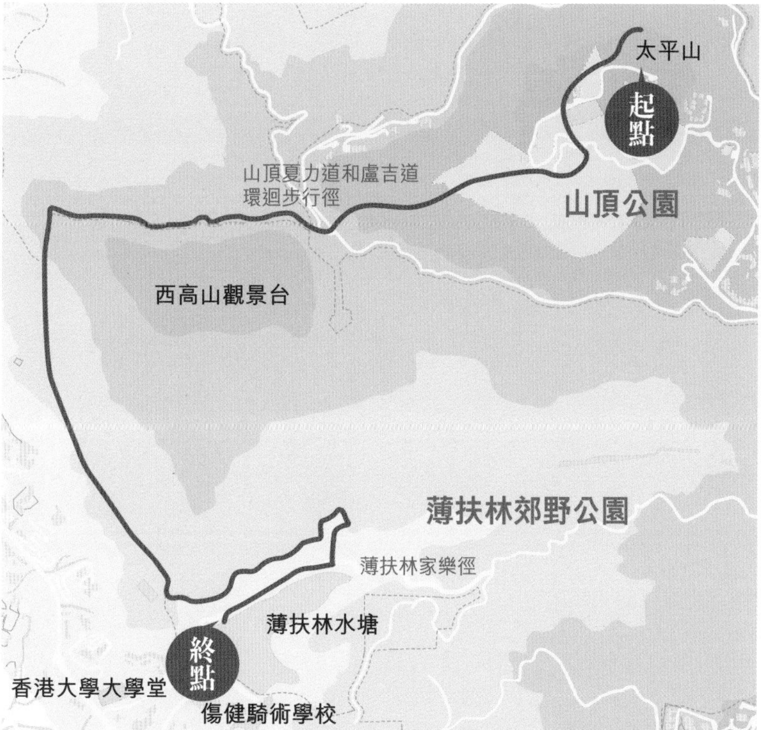

02 大潭水塘

最多文化遺蹟
最美風景地區

大潭水塘是香港第二個大型水塘建設。它座落在港島幅員最廣、山嶺最群集、最易收集雨水資源、風景最為秀麗以及市民最易進入的地區。因為是早期建設，留下許多受早期文化影響的建築物。故進入大潭水塘，留心觀察和欣賞每一件事物，它們都有特定的文化紀念意義。

大潭有四個水塘，各具特色。

大潭上水塘

建成年份	1889年
容量	1.49百萬立方米
主壩：長／高（米）	150米／42米
地區	港島南區

從大潭道陽明山莊入，開始進入眼簾的就是大潭水塘。它的特點是築了一條非常壯觀而宏偉的級狀大壩。

因勢利導　築壩蓄流

大潭水塘位於港島東端，水塘的再東便是柏架山，北端有畢拿山，形成這裏大片丘陵山谷，亦使這個水塘，非如後期的大片地極大的水塘，而是分別根據地勢，分別建成共四個水塘，它們由北至南

建成於一八八九年的大潭上水塘，是香港第二個水塘，容量為一百四十九萬立方米。

共佔地四里，由東至西約二里，都是因應山地陵谷之勢，築壩配合。塘邊小道，行走其間，盡可依勢迂迴，呼山名道澗姓，而非一壩了事。

輸水渠道　道名寶雲

水塘位於島之南，供水須注於北，山岳高低，丘陵起伏，如何提水往高處，使往低流，在此水塘初建已兼顧此項輸水管道的需要。灣仔峽上去造了羅馬式輸水渠道，即今之寶雲道。這寶雲道本身是運水渠，U字型，由券拱承托，上面鋪了石屎板塊，鋪成可行人行車的路，成為晨運客很喜愛的路徑。

水壩長一百五十米，高四十二米，採用很有特色的階梯式設計，已被列入為法定古蹟。

法定古蹟：水塘記錄儀器房

大潭副水塘

建成年份	1904 年
容量	0.08 百萬立方米
主壩：長 / 高（米）	36.6 米 /11.9 米
地區	港島南區

一八八九年完成上塘工程後，供水措施趕不上居民食水增加的需要，而更緊張的是民居密集容易發生疫症，環境清潔增加了用水需求；於是根據常駐工程師設計，上塘側再興建副塘。

副塘與上塘幾乎連成一體，沒有明確分界。堤壩沒有行人道，水滿則溢壩而過。我們可以這樣分辨：上塘橫越水塘的石橋，下方就是副塘，用來收集溢出流水，免得浪費。

建於一九零四年的大潭副水塘，容量只有十萬立方米，主要是接收由上塘溢出的珍貴水源。

刻有「1904 年」字眼的水掣房

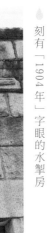

大潭中水塘

建成年份	1907年
容量	0.686百萬立方米
主壩：長／高（米）	134米／31米
地區	港島南區

中水塘與篤水塘兩塘相交成人字形，中塘是人字的左撇，纖幼而長；兩塘相交點為第二度馬路橋左方入口，斜路可走到中塘的攔水大壩，此壩頗隱蔽，下走到壩底才看到它的「崖岸自高」。這塘位置較低，故建有原水抽水站，以把水抽送給輸出隧道，再調配到中區供水系統。為安全理由，全壩高度溢流降低三米；壩面有呈內凹現象。

大潭中水塘長一百三十四米，高三十一米的大壩，是法定古蹟。它隱藏於山谷上。

法定古蹟：水掣房

這是香港第七個水塘：大潭中水塘。

郊遊建議：沿水塘旁的小徑可一直上到紫崗橋淺水灣坳。

大潭篤水塘

建成年份	1917 年
容量	6.047 百萬立方米
主壩：長 / 高（米）	363.9 米 / 49 米
地區	港島南區

大潭篤水塘名字最響亮，也最為人認知。它連接公路，亦是藏有最多溢洪孔的公路堤壩，迷倒了多少攝影發燒友；當塘水滿溢，由悠悠慢洩到急湧沖激，花掉攝影發燒友不少等待時間。這塘的大壩原設計在大潭灣較出海面上，遺蹟是海中的大石躉，後因探土，塘土深度遠超預期，亦為了避免受海浪沖擊，而退到現址。縮減了面積便從增加高度一倍去補償，

大壩既是歷史古蹟，又是拍照的好地方。

使竣工延期至船灣淡水湖之後，人們爭道它該是世界第一個攔海成湖的工程。

壩面成公路　大潭貫東西

這大潭篤水塘的水壩建成後，除了攔水成塘外，它的壩面可以行車，小車可雙向，大車便要停下守候，但自此而後，從石澳和港島東區車輛，將可從東部繞走返回西環、中環去，成一循環。

大潭多古蹟　勿作一般看

大潭水塘開發時間很早，故許多建築物與設施都被列作法定古蹟，會看到許多火成岩鋪砌的裝飾。而綠蔭非常成功，暑天遊塘，也易獲得林下清涼庇蔭；進出市區路線四通八達。

水壩的頂部可行車，是一大特色。

一條很好的休閒徑

從土地灣巴士站下車，海邊堤岸缺口，拾級下行至有小徑於右邊相接，向右小徑入再留意右手有路可登上接入引水道的開始點，循此等高小徑走，直至盡處上回馬路，數十步有路口，再落，到大壩的下方，溢流時景觀壯闊，攝影發燒友爭相搶位。沿途要欣賞海灣風景，下有三條小村，有興趣可以探遊，方法是不上引水道，沿海岸直去即是第一條銀坑村，景色十分優美。泥灣盡處旁有莊嚴道觀建築物，它不同於一般神廟，值得去認識一下。整個海灣點點風帆，小屋處處，風景美絕。

大潭水塘將廿二項有歷史價值建築物併成一條歷史文物徑，由二零零九年九月十八日列作法定古蹟生效後啟用，大家可慢慢欣賞，全長五公里，約兩小時可以走完。

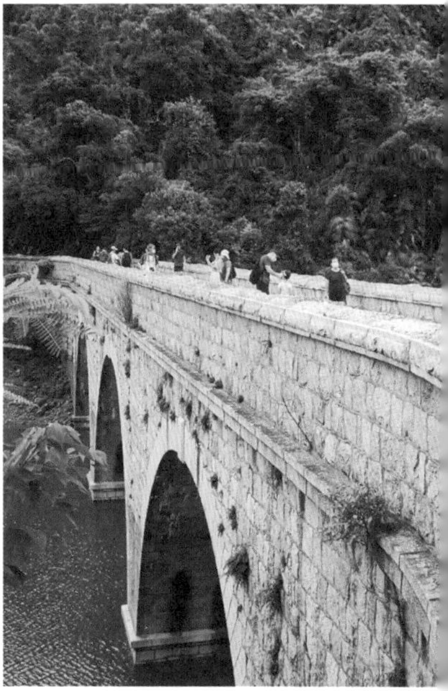

三孔石橋．行人於進入前或過後，才可看到它美麗的身影。

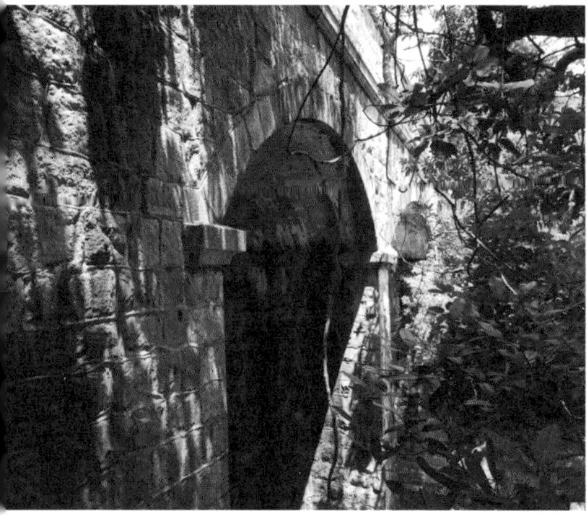

已列歷史古蹟的石橋拱孔，吸引很多人拍照留念。

以下水塘建築物已被列為法定古蹟

建築物	落成年份
大潭上水塘石橋	一八八八年
大潭上水塘石砌輸水隧道	一八八八年
大潭上水塘水壩	一八八八年
大潭上水塘隧道進水口	一八八八年
大潭上水塘水掣房	一九零四年
大潭上水塘記錄儀器房	一九一七年
大潭上水塘隧道進水口	一八八八年
大潭副水塘水掣房	一九零四年

建築物	落成年份
大潭中水塘水壩	一九零四至一九零七年
大潭中水塘水掣房	一九零四至一九零七年
大潭篤水塘四座石橋	一九零四年
大潭篤水塘水壩	一九一二至一九一七年
大潭篤水塘水掣房	一九一七年
大潭篤水塘紀念碑	一九一八年
大潭篤水塘原水抽水站二號員工宿舍	一九三六年

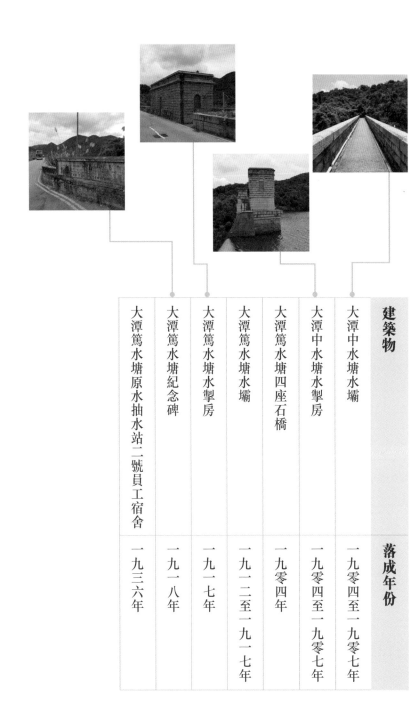

建築物	落成年份
大潭篤水塘原水抽水站	一九零七年
大潭篤水塘原水抽水站煙囪	一九零七年
大潭篤水塘原水抽水站宿舍	一九零七年

其他獲評歷史建築

建築物	落成年份	備註
寶雲輸水道	一八八五至一八八七年	灣仔寶雲道將大潭水輸到中環，渠道以英式橋墩支撐
大潭水塘紅磚屋	一九二零年	荒廢的駐塘警察宿舍

建議遊覽路線

沿鯽魚涌柏架山道或陽明山莊下行，可一次遊覽大潭上、副、中及大潭篤四塘。

大潭水塘區很大，亦可分次遊覽。

風景 ★★★★☆
易行 ★☆☆☆☆
評語 全家休閒遊，享受山水田野之樂。

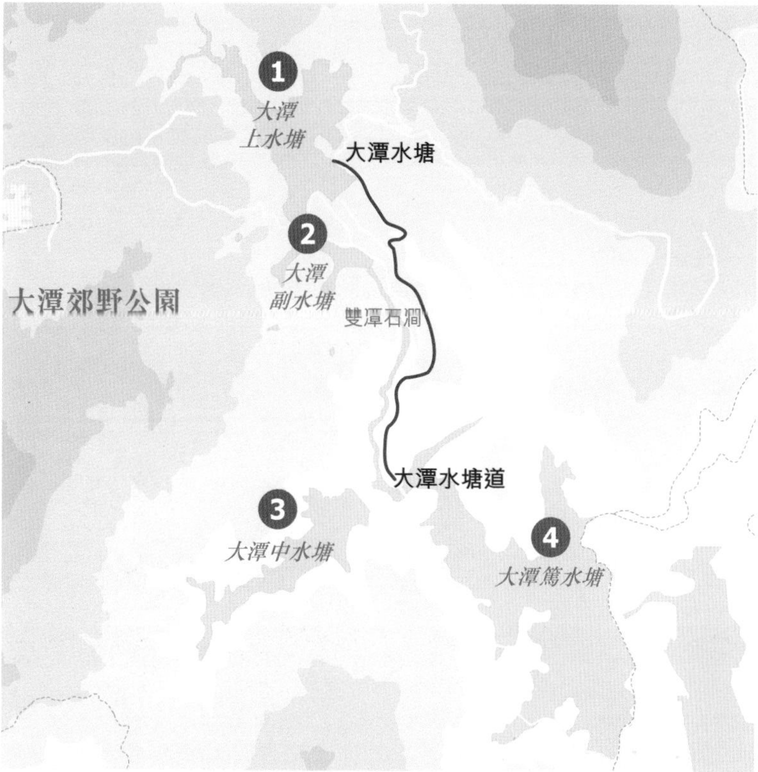

03 香港仔水塘

上塘壩加高

下塘源紙廠

建於一九三一年的香港仔水塘，是香港第十二個水塘。

在談香港仔水塘之前，先談談大家對地理方位認識有多少了解。如果問：香港仔在香港哪一位置？大家總會先愕然一下，然後滿有成竹地答：西面。這個答案正確與否，真使人頗覺猶疑。香港島的地理絕對中心點是聶高信山，沿線北劃，就是跑馬地馬場南段成和道出口；聶高信山南下，則是深水灣道出口，哥爾夫球場旁邊。

香港仔上水塘

建成年份	1931年
容量	0.773百萬立方米
主壩：長／高（米）	126.8米／35.9米
地區	港島南區

香港仔非在港西

一個更有趣問題，香港仔水塘，沿線北上，竟然是山頂高貴住宅區的馬己仙峽；落山，是灣仔，它的海面就是正正中心地段維港，過海就是尖沙咀天星碼頭、文化中心。反過來說，如果你站在文化中心、天星碼頭位置，望向港島，山的那邊就是意象中的香港仔水塘；那麼，香港仔水塘，其實並不是如想像

有十六個洩水孔的水壩是一座混凝土重力壩。

般在偏遠的西面僻遠荒蕪之地，而是很有「人氣」、「地氣」地區，非常興旺的中心地帶。

班納和田灣　左右逢源

香港仔水塘位於班納山與田灣山之間峽谷，面對的就是香港仔和黃竹坑，最先建造者是大成紙廠，屬私人水塘，有點似東部的太古水塘、糖廠水塘，它亦有為香港仔居民和鴨脷洲居民供應食水，為當地居民所歡迎。及至港府為居民籌建水塘時，以薄扶林太小，不足以顧及其他，大潭水塘雖已建成，但它位於港島東部，運輸艱巨，乃有收購大成紙廠水塘構想。所以斥資四十六萬港元收購並決再加高堤壩，以增加其容量達四千七百八十萬加侖；然後因該地勢未盡其用，於是在下塘之上，再築壩成上塘，總容量達九千一百萬加侖。於是港島南區中部居民食水問題全部得到解決，蓋因香港仔非在港南區之西而實在中部。

舊式雨量器，又稱天花墩，是難得的古蹟。

金夫人馳馬徑途中的小石橋

香港仔下水塘

建成年份	1890年
容量	0.486百萬立方米
主壩：長／高（米）	96米/18.1米
地區	港島南區

下塘距民居　僅咫尺之遙

從現在眼光看來，香港仔水塘，尤其是下塘，其大壩距離下面市區的漁光邨只是半個山坡之隔，非常接近；燒烤場之前，遊人在行罷水塘區落山時，留意左邊樹林旁有車路口，路上鋪滿落葉，顯示不常有車出入，有好奇索險者肯毅然投身入內一行者，會發覺縱然頗為蔭翳，其後卻逐漸豁然開朗，一牆高壩竟出現眼

與水塘連接的香港仔自然教育徑

前，這就是香港仔下水塘大壩，也是香港早期私人水塘，直到今天還維持給市民服務，頗堪為大家記憶，而許多遊人不知此地有此大壩，知有大壩而不知其早期是私人擁有，而後期改為公營。或謂只因能改為公營，而後才能運作至今。或謂飲水思源，其理一也。

設健身徑　方便居民

水塘區由來成為附近居民休閒去處，假日每個清晨，居民都愛跑到水塘區晨運或緩跑，而當局亦在徑道上設置各種健身器具讓市民使用。上塘與下塘的通道，就是居民於此運動的熱點。特別是塘邊小徑，是就近欣賞大壩及接觸與認識古壩建設的好地方。

兒童研習徑，是小朋友的樂園。

滿溢的香港仔下水塘

以下水塘建築物已被列為法定古蹟

建築物	落成年份	備註
香港仔上水塘石橋	一九三一年	水壩下方
香港仔上水塘水壩	一九三一年	花崗岩建築
香港仔上水塘水掣房	一九三一年	實用主義建築，受意大利文藝復興風格影響。
香港仔下水塘水壩	一九三二年	前身為大成紙廠
香港仔下水塘水掣房	一九三二年	小橋連水壩
香港仔下水塘水泵房	一九三二年	小型紅磚建築

建議遊覽路線

❶ **灣仔峽公園→香港仔水塘→香港仔**

八爪魚公園 —— 香港仔水塘道，沿路下行。

風景 ★★★☆☆

易行 ★☆☆☆☆

評語 優質，馬路平坦，適合老幼，上段林蔭，夏日不熱，入上塘燒烤區香氣撲鼻、誘人；進入下塘邊，欣賞水塘明媚風光，雲天倒影。

清幽的香港仔上水塘

2 灣仔峽道→金夫人馳馬徑→上塘大壩→下塘大壩→香港仔

風景 ★★☆☆☆
易行 ★★☆☆☆
評語 沿途下行，眺望原野風光，走近水塘，親臨大壩，更走落壩底感受偉岸風光，觀摩歷史遺蹟，更走進下塘壩底，領略前人建業風光，撫物興懷。

04 黃泥涌水塘

經歷二次戰役 屢次改用途

黃泥涌水塘，是香港開埠建造的第三個水塘，但規模之微細，較之第二個的大潭水塘，兩相比較，真的是蚊型而已，為甚麼也肯花費巨款去興建呢？

建成年份	1899 年
容量	0.012 百萬立方米
主壩：長／高（米）	110 米 /20 米
地區	港島南區（於 1978 年停止運作，改作水上公園）

建於一八九九年的黃泥涌水塘，容量相對少。

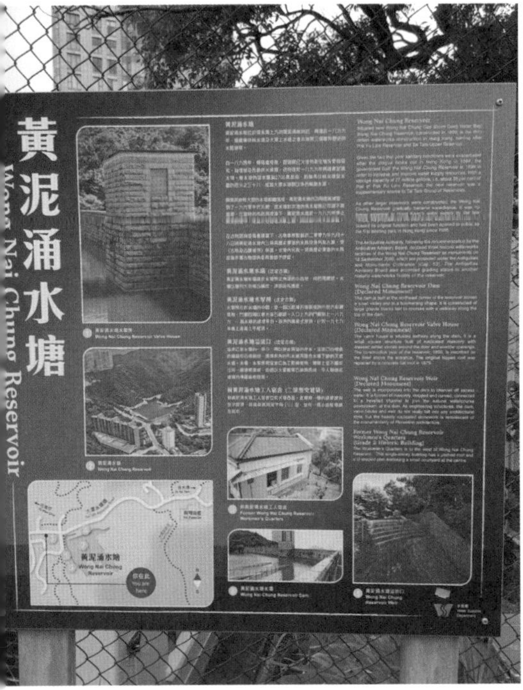

黃泥涌水塘，它位於港島的城市中心，北有渣甸山，南有紫羅蘭山，而西去有聶高信山和金馬倫山，東去不過兩里，就是大潭水塘。這黃泥涌水塘就是在黃泥涌峽出口，它分接了三條山谷的山泉，總承於紫羅蘭山徑入口，不依靠紫羅蘭徑山勢，以引水道方式通入大潭，作用就是由此山谷分擔了大潭的儲水量，勿使溢流入海而致浪費。可見當局惜水如甘露，半點半滴悉加運用，具見苦心。

建築有決心　千年仍屹立

這條足有二百年歷史的水塘大壩，說起來自然歷史味甚濃了，面臨峽口石壩，屹立在大潭路邊上，那些被粗糙琢磨成並不平滑的花崗岩表面，已自然地呈現出野性和古意；更甚者它似已向世人表露出將會即使再過千年也屹立不倒的決心。

一九四一年十二月十九日凌晨，加拿大守軍軍士長約翰・奧斯本犧牲自己用身體覆蓋日軍拋來的手榴彈，以保護同僚生命。此為奧斯本紀念碑。

聖約翰救傷隊烈士紀念碑

IN HONOURED MEMORY OF THE OFFICERS AND MEMBERS
OF THE ST. JOHN AMBULANCE BRIGADE HONG KONG WHO
LOST THEIR LIVES DURING THE 1941–1945 WAR. THIS
MONUMENT HAS BEEN ERECTED BY THE PATRONS,
SURGEONS, OFFICERS AND MEMBERS OF THE BRIGADE
聖約翰救傷隊烈士紀念碑
St. John War Memorial
St John

花崗岩疊砌堤壩，頂部行人通道水掣房在壩面以小房式組成，門窗岩石細琢磨光，導流壩由彎曲石塊砌梯級形，方便導引水流進入天然水道。今天堤壩水掣房、溢流口、工人宿舍等建築物，都成歷史建築。

躬逢二次戰　勇士據險守

黃泥涌水塘，因緣際會遇上二次世界大戰中的日軍侵華戰役。而當時英人已意想到日軍對香港必有企圖，黃泥涌峽地位重要，於是在峽中上下部署槍堡、大炮陣地、彈藥庫、彈藥補給點，以至陣地上互相支援的軍事掩體，就在黃泥涌峽馬路邊的地下指揮室等等，使這裏與日軍發生攻防戰，義勇軍團後來成為英雄，加拿大軍人第一個受動。日軍也傷亡不少。從油站上望山林隱路，昔日原來發生過硝煙瀰漫，喊殺連天的日子，令人感慨。

這個回力鏢型的水壩已列入法定古蹟

停止供水運作　活動亦停辦

水塘於一九六零年已不再供水為人飲用，改作水上活動用途，又於二零一七年因營運者不再投標而終止，使市民失卻在城市中心也可享受到水上活動的愜意場地。

昔日辛苦建設經營而成的食水水塘，因城市發展，最後到達終結的命運。

露天茶座

關於建築物

建築物	落成年份	備註
黃泥涌水塘主壩	一八九八年	法定古蹟
黃泥涌水塘溢流口	一八九九年	法定古蹟
水塘水掣房	一八九九年	三級歷史建築
工人宿舍	一八九九年	二級歷史建築

建議遊覽路線

可定名為「兩塘走走」。從大潭中水塘穿過兩塘中央的石橋，沿馬路上陽明山莊，下黃泥涌水塘。

風景 ★★☆☆☆

易行 ★☆☆☆☆

評語 全繞在等高線上，林蔭遮日，只能於空隙眺望山下風光，但冥想昔日督爺於此騎馬日子，肯定不是樹林遮望眼，嘆時光消逝，屬消閒好去處。

05 九龍水塘

九龍第一個水塘

九龍水塘是英國向當年滿清政府租借新九龍及新界成功後的第一個水塘建設。為滿足九龍西部及界限街北向一帶居民食水需要，在九龍群山中訊號山脈西端，覓得谷地，建造九龍第一個水塘。

半月內彎型的水壩是九龍水塘的一大特色

九龍水塘是香港第六個水塘

第一塘 九龍水塘

建成年份	1906 年
容量	1.578 百萬立方米
主壩：長／高（米）	182.9 米／33.2 米
地區	九龍區

彎曲大壩 古意新穎

第一個是九龍水塘，就是從大埔道接入金山道的水塘，它面積是這組水塘中最大的一個，一九一七年建設，到一九二二年建成。走進金山路落斜路後接觸到一組洩洪壩橋洞，再進入一條彎曲形大壩，右望去湖光山色，雲天倒映，令人身心舒暢的，這就是九龍水塘。

這條經過加高一百呎並改為甚有英式古風的大麻石砌的大壩，想不到已有過百年歷史，被列作最高級別的法定古蹟。

水塘剪影

雅潔的石橋

已落地生根的猴子

遊人不妨聯想：為甚麼大壩會建造成向內彎的形狀呢？

第二塘　九龍副水塘

建成年份	1931 年
容量	0.8 百萬立方米
主壩：長／高（米）	106 米／41.1 米
地區	九龍區

副塘非接收　故建築較遲

從大壩左邊望下去，百呎高崖下，綠樹濃蔭中一衣帶水，溢洪流出來的剩水滾滾奔流，爭先恐後，不用忙，前面還有一石壩幫忙攔着。這個容量只有零點八百萬立方米的，別以

九龍水塘和香港上水塘同一年建造，所以佈局和造型都一式一樣，簡直是「孖生水塘」。

刻有 1929HKWW1931 的水掣房，是香港仔上水塘的孖生兄弟。

為這是接收塘，原來它是九龍水塘的副塘，到很後期的一九三一年才建成的，到今也是法定古蹟。

彎曲形大壩麻石粗琢，通車行，中部外側有水掣房，都是古意盎然建築；塘水平靜，雲天映碧，魚龜水產，怡然自得，天人共樂。

過壩後，有休憩亭讓人回望欣賞風景和休息，沿左方就可進入金山樹木研習徑。

第三塘　九龍接收水塘

建成年份	1926 年
容量	0.121 百萬立方米
主壩：長／高（米）	70.1 米／13 米
地區	九龍區

水塘建築物散發着粗獷而古典的氣息

又叫羅德塘

這裏有一個水塘，叫接收塘，它位於較高水平。它叫接收水塘，原來並非接收九龍水塘溢流的塘水，而是接收從城門水塘來的食水，再轉往石梨貝濾水廠，然後再配水庫，見到副塘下不少紅色的建築物，都是這裏附屬建築。從這裏過燒烤場外，過壩，便是長源路和大埔道。已往三塘，還剩其一。

刻有「1926 年」字眼的水掣房已列入法定古蹟

九龍接收塘容量雖小，但有一條有特別風味的水壩。

亦有一千六百米的環塘緩跑徑

塘中倒影

第四塘　石梨貝水塘

建成年份	1925年
容量	0.374百萬立方米
主壩：長／高（米）	83.5米／22.3米
地區	九龍區

石梨貝塘　石梨之背

還有一個石梨貝水塘，為何不見蹤影？金山道過壩後再沿公路上行，不久，左邊山坡，有石級路上山，面對公廁及燒烤場者，在山上找到一水塘就是。

它是在一九二三年興建，一九二五年造成的小型水塘，如隔山買牛般，有地便造個塘應付需要便算。容量只一點一二億加侖，它是供

主壩長83.5米，高22.3米。

給山後的石梨頭村群為主，便叫它「石梨背水塘」。從大壩上金山路少許再於左方上十數石級便見。與九龍水塘群無關，但不察的市民反把這塘為主，統一叫它「石黎貝水塘」，這是謬誤叫法。這組水塘實以金山路的九龍水塘為主，餘為附屬依存，不應反客為主。但叫者為遊人，反正「知地何在」便算，但我們需要「正名」。

一千七百米環繞水塘的緩跑徑起點及終點，是小朋友的單車樂園。

水掣房設在副壩的一方

緩跑徑適合一家大小遊玩。引水道是水塘不可缺少的輔助設施。

建議遊覽路線

❶ 金山入城門

從金山路入，上斜過亭側，入衛奕信徑，探城門小堡、戰壕通道、出燒烤區、城門水塘、小路落梨木樹。

風景 ★★☆☆☆

易行 ★★☆☆☆

評語 簡單易行，適合一家大小。

❷ 金山家樂徑

由金山路開首段，過九龍水塘，有不少猴子出沒。途中上石級路盡登上，登高望遠，風景遼闊。

金山家樂徑

金山樹木研習徑

❸ 石梨貝水塘

遊石梨貝水塘像下圖路線，過少許山路，落至塘區，更可繞塘一圈，然後出大埔公路。

❷，❸

風景 ★★☆☆☆

易行 ★★☆☆☆

評語 較全平路為困難，但可克服。

06 船灣淡水湖

攔海造湖 世界之冠

建成年份	1968年
容量	2.3億百萬立方米
主壩：長／高（米）	2,011米／27.5米
地區	大埔區船灣郊野公園

船灣淡水湖，這是可列入世界名錄的香港水利設施。由於它從海中築壩而成，所處位置就在聯合國教科文組織範圍內，更有虎鯊岩層達四億年之久，故受到重視和保育，加上面積之大是香港之冠，威中之威，因此在世界水塘史上享有盛名。

溢水壩有六十多個洩洪渠孔，真的陣勢堂堂。

把海圍住　圍出個湖

香港自開埠以來，一直都是倚賴尋覓山谷流水澗泉之地，收集和儲蓄食水，還四出伸展集水渠道，務使涓滴歸塘，不會浪費；但船灣淡水湖不是向山索地，而是在海造湖，因其面積達到全港最大，因而得名為淡水湖，其地叫船灣，全名就是船灣淡水湖。

壩長兩里　行完氣咳

這是世界第一條攔海造湖的先驅者，香港拿了個世界第一。

當你走在這條攔海造湖的大壩上，就感受到這條大壩的威力和氣勢了。足有二點一里長，這堤因為增加水容量已經增加了高度，容量亦增大了。

船灣淡水湖容量是香港第二大。

半島分內外　湖海自天成

這個淡水湖是怎樣造成的？先看看香港版圖，香港的東部，都屬於山巒起伏的地帶，鄉村不多，居民鮮少，故原始氣息甚濃，這是首要條件；其次，原野廣闊，山巒起伏眾多，即山泉資源供應充足，而且保證清潔可用。

基本條件具備，然後看到這裏地形，原本就是分成內外海，外邊是長長的赤沙半島，足有九公里多長，連同伯公咀，加上溢洪壩與白沙頭洲連成一氣，足有十一公里長，只割取原來的船灣海地方，此地取名為船灣，英文名為Plover Cove，是一船名，或用來紀念由此登陸之類。內側有橫嶺山脈作為屏障，都是天然的設施，只要在出口築起堤壩，到時抽乾海水和挖走海泥，然後注入淡水，就可以成事。

環湖走一趟　行友大豐收

這是在六七十年代興建的一件大型建築，當時筆者在大壩完工之時，隨著名旅行家李君毅先生（千景堂主）創辦的山海之友，趁海水已抽，又未曾注水之際，環走水塘底一次，時橫嶺山下的幾條鄉村已經搬遷，剩下少許痕跡，由領隊指認村名，我們只能望村憑弔。湖中浮舟一艘，漁者以網捕魚，每有所獲，躍然網上，見者亦為之大樂。岸邊珊瑚處處，然已曬得死白，有以缸養魚者自然不會放過，欣然大有所獲。遊湖歸來，各有所得，無不感謝領隊舉辦此行。

山川黃竹角　涌尾小滘上

第二次與淡水湖結緣，是山川旅行隊開隊首行，就是東行黃竹角咀；領隊鄧國雄兄邀約

主壩長逾兩公里，是香港最長的水壩。

參加，是從大埔墟乘搭預約貨車改裝村巴到涌尾落車，塘乾，舊村石屎路露出水面，便沿廢村路入，於是坭塘角、橫嶺頭，小滘而上橫嶺坳到脊，那是要請服務行友剪樹枝雜草開路，然後大隊相隨而上的。上到坳頂眼界頓開，放眼前方，腳下正是船灣淡水湖，只見洲渚羅佈，島嶼環列，竟然成了另一神仙境地，這就是人稱「上有天堂，人間有印塘」的神仙境地。無暇細看，急步奔程，便和潘姓行友第一個跑到終點，拿出相機拍照，麵包拿出來也邊跑邊吃，急步跑回涌尾去。巴士未通行，村車無預約，惟有與潘兄實行走路；於是一直行出汀角，再找車往大埔墟火車站！完成難忘的黃竹角一役，那時算是頗為艱苦的旅行。而黃竹角咀乃行友必須「征服」的一個景點。

淡水湖主壩是遊人踩單車的好地方

浮動太陽能板顯示屏

淡水湖落成紀念碑

「三大」連走前 例環湖一次

船灣淡水湖的再次結緣就是環湖走了，是由雄鷹會旅行隊舉辦的「三大連走」操練行，必有在舉行前先來環湖走以作操練，七小時的行程有些人走到氣喘腳軟，抽筋的亦不少數，領隊預備充足，早有藥油送到，保證有效。那是從烏蛟騰村起步，由赤馬頭上馬頭峰上橫嶺坳，過跌死狗到鵝髻頂直下虎頭沙。補充一句，這個半島另有名稱叫虎頭鯊半島，因它形狀極肖之故。虎頭沙是指由黃竹角咀直至虎頭沙整個半島而言，並非某一小段地形。地圖上三門山前的虎頭沙無緣無故貼上此名字，費解之至。虎頭鯊是真有此鯊魚，形極肖，是指整個半島的形狀，非只是部分地形，絕不花假。

周邊地區

船灣的郊遊活動相當多，獨木舟、划艇、單車、潛水、滑水、緩步跑、燒烤場、釣魚場，活動應有盡有。

鳳凰笏是虎鯊口　長牌墩小心迷路

於是過三門山，沿長牌墩漁塘邊，撥草出伯公咀，要小心尋覓，多人於此迷路，過溢洪壩，小弟曾於此缺水，行友大哥成於此相濡以沫，遞我半升水，感恩！而曾有行友之壯者，可能亦因缺水而發生山難於此途中。因此行山不宜忽視天氣與飲水及裝備之重要。

跌死狗難為四腿　長途留意夠水源

跌死狗是特別傾斜，要小心，由此段遠望大壩，在濛瀧煙雨中，另有一番意象，溢洪壩少有雄偉氣派，甚考拍攝取景手法，行到大壩，一路望着八仙嶺而行，回望橫嶺，那種崇山綠水，是圓滿而有成功感的。

行山非只顧自己　別隊有難要幫人

結緣淡水湖多次，有一次碰上一大隊起碼有三四車之眾，扶老攜幼，老的是女士扶着媽媽，幼的是拖着五六歲的小孩，穿的是拖鞋，在路上一跌一拐，狼狽不堪地行，看似隊中缺乏照顧人手，我們雄鷹隊友決定幫他們一把，把連隊尾一個也送出大尾督。巴士走了，要乘搭的士，詢問下知道原來是教師週日舉辦遊湖之旅，卻把他們丟下不理，嚇怕他們了。環湖是吃力之遊，需要量力。是辦事者沒審時度勢。我們不能置人不顧。我隊盡了互相幫助的義務責任。

船湖雖是主　下城來相助

船灣淡水湖在建造時，許多附帶工程一起建造，如下城門水塘，就是用來承擔淡水湖的

具創意的 12 生肖大尾督家樂徑，12 個標柱都有一個生肖動物圖像。

水，轉運到沙田濾水廠時有個貯水地方，這個下城門水塘造了四年時間，由一九六一至一九六四年完工，有具規模的水掣塔和鐘形輸水管道。

淡水湖和萬宜水庫也有互相聯繫管道，在湖末端近涌尾位置，有隧道管道出水口。

功成身未退　前路將如何

今天這船灣淡水湖，因購買輸入的東江水已經每年超越所需，致淡水湖不用再動用存水，不需再供到民居使用。致二零一七年有學者建議把船灣淡水湖改為填平用作建屋土地，市民反對，認為忘卻香港曾有四天才供水一次之苦。

挑戰體能的環湖船灣淡水湖郊遊徑，包括連接路共長超過十八公里。

八仙嶺下的船灣淡水湖

建議郊遊路線

大尾督輕遊

淡水湖淺遊可遊大壩遠至溢洪壩已經不錯，廣場旁的十二生肖徑，從上俯瞰大壩雄姿也不錯。

風景 ★★★☆☆
易行 ★★☆☆☆
評語 左湖右海，遠山近水，行壩適合男女老幼。

07 萬宜水庫

圍海造湖 水塘之霸

造完了船灣淡水湖後，立即循着這圍海造湖的思路，盤算如何再從海中造出另一個「湖」來。

發現一條已廢去武功的「水道」可以派上用場。這條水道叫「官門水道」，從前糧船運糧來往頻繁，現今已不再出現了。水道不太深，有些地方潮退時還可用腳橫渡，好處長度相當，意味藏水量也多，適合作水庫用。而只要將水道東西兩端出入口築壩堵住便可。萬宜水庫就於一九七八年建成。

建成年份	1978 年
容量	281.124 百萬立方米
主壩：長／高（米）	東壩：490 米／107 米 西壩：759.9 米／102 米
地區	西貢區

落成紀念碑

豎井塔

增庫容納入大頭洲 簡易法西接元五墳

水庫西邊出口，簡單造法是築壩將糧船灣洲與陸地的元五墳的山丘連接便可，但如果要將容水量盡可能的擴大，那就放棄這地方築壩，而將壩移至包括「大頭洲」，壩築在大頭洲兩端，況這裏的水不算深，一邊五嶼，一邊三嶼，於是整個深篤門納入水庫之中，容量自然大大增加。

西壩連接糧船灣洲，旅行人士現在毋須坐船前往破邊洲，去花山探雙洞，步行前去就可以了，陸地與糧船灣已連成一氣。

東壩長度短　厚壯大工程

東壩的建造，工程可謂大陣仗了，長四百九十米，高一百零七米，它比起西壩雖更

東壩景色怡人。

短些，但它面臨東海，每日抵受風高浪急的拍打，不捨晝夜，土石堤肯定好易被蝕掉溶解。而主壩每時每刻和海水搏鬥，海水也易將塘中淡水混雜起來；因此在主壩外，再攔築一個緩衝池，使外來海水在這裏得到中和，那麼即使海水要滲入到塘中去，也是已被中和過沖淡了的稀釋水。

世界自然遺產　向聯合國中報

大壩建在花山腳下，岩石也在花山腳挖出來，花山山體除了貢獻自己山體給造壩外，經人們一輪挖掘開採，人們卻恍然驚覺，開採出香港，不，是世界獨一無二的無價寶來：一排排的六角石柱陣，長列的、巨幅的國畫般展現出來，成為震驚世界的六角柱形玄武岩石畫，大面積的岩畫，有直更有彎曲的！官員親身視察了，自然也向國家報告了，於是成為國家

溢水碗

防波堤

弱波石萬宜水庫紀念碑

級自然遺產；再向聯合國教科文組織自然遺產申報。香港自然遺產的面積還包括了附近果州、東平洲、荔枝莊、荔枝窩等大環形地區，還有黃竹角咀的千億年超古老岩石……原來香港有驚世世界級自然遺產，人們從此不用坐飛機，不用出國，便可欣賞到這世界級文化自然遺產了。

香港原是在火山邊 只是今天火山沒了

從萬宜水庫之開發，使港人驚覺與糾正，一直認為香港何來火山噴發，故一直認為香港有六角玄武岩出現，或果州六角玄武岩為不可能，視為怪異，荔枝莊流紋岩視為偶然，事實已給予當頭棒喝。

扭曲的六角形岩柱

我們回想當年這洪荒之地吧，地動山搖，烽煙四起，地面狼奔豕突，慘不忍睹場面，轉瞬億萬年過去，漁村成為洋場十里，誰又會去懷想過去原來的荒野。

赤腳渡海　雙龍會師

抽乾了水的官門水道，也使港人緬懷往事，曾經有旅行隊橫渡官門，及曾組織多隊分從水道兩岸落水，而到水道中央會合，美其名曰「雙龍出海」。今天這水道重新灌滿，一切往事，都浸在水底裏。

帶挈交通發展　蚺蛇長咀不難

水塘的發展，也使城市交通得到發展。西貢東部為例，往日公路只到大網仔為止，今天已伸展到一出白沙澳，一出黃石碼頭，往日視

海蝕洞

破邊洲

登蚺蛇出長咀為難得大節目，走四灣更是天大節目，今已是不過爾爾，後之來者，笑渠之前人為「又有何難」之譏。

今日風高雲淡　可認舊日地名

今天，無論你從水庫之南或北岸進入，除欣賞往日視為不可能之機會外，不妨重新領略緬想昔日情懷，重新認識一下舊時從北潭涌出來的情景：今天何處是爛泥灣（即今日叫萬宜水庫的地方），何處為昔日於西貢叫船到此上岸的水徑，這裏有小石碼頭；那裏是蠄蟝石頂，那是沙咀，那是黃竹坑（有兩戶關姓人家）。村的對岸就是「官門村」，水道以該村名為名號，旅行界之「雙龍會師」就是以此為落水點。水道亦以此段最為水淺！

海蝕洞全景

為甚麼叫萬宜　原名是爛泥

爛泥灣在甚麼地方？忍不住要告訴讀者，太重要了，這是水庫稱號的原始地名。

沿今之西灣路入（舊路在山坡下方），到第一個有木亭的燒烤場位置，下方就是昔日爛泥灣村所在。

鄭重向當局建議，可在沿岸某些地點豎立原地名的名牌，讓後人易於尋找；否則前塵往事，從此消亡。

防波堤景色怡人

站立堤上　緬懷工程

我們的水庫，都不是只造蓄水池便算，而是要計算有多少山泉可以收集，故此在水庫周邊的山水，都是集水地帶，都廣造集水渠道，還造了十尺以上直徑二十五哩長的水管，穿越整個西貢半島由大環往沙田濾水廠，還有隧道管道與船灣淡水湖互相溝通，互補有無。我們的大壩挖深直至石底然後建立基石，然後造緩衝池，防波堤……可見我們的水庫工程，艱巨而重大，工程人員也曾為此而犧牲，因此堤上亦立紀念碑向他們致敬！

水清沙幼的浪茄灣

建議遊覽路線

遊萬宜水庫可以發展出很多路線，長短視各人體力，終點視各人要求，為走浪茄為目的、為大浪四灣為目的，甚至只走西灣亦無不可。最方便只遊東壩，車去車返，或行路去，乘車返，目的參觀地質欣賞岩石，足消磨大半天！

風景 ★★★★★（世界級山水風光）

易行 ★★★★☆

評語 最優質山水風景，別處難求。

08 城門水塘

塘有城門村
故號城門塘

建成年份	1936 年
容量	13.279 百萬立方米
主壩：長／高（米）	213.1 米 /86 米
地區	荃灣區

英方取得新九龍及新界土地之後，燃眉之急是於一九零六年在大埔道建挖九龍水塘，約三十年後，在葵涌區建成城門水塘，這兩水塘都近民居，而就近截取城後山嶺間溪泉流水，亦易於輸往民居使用。城門之水，更是通過海底管道運到港島區去。

城門水塘工程浩大，當時用了二千多名南洋熟手工人興建。

任務各不同　地理亦有別

說到跨區輸水，不妨再多說兩句，這城門水塘不止一個，原來還有一個下塘，人們很理智地稱這是「下城門水塘」，它的建成時間與上塘相距有二十八年，有點毫不相干模樣了。而事實也，地理上是也，先在這裏解釋地理上的區別：因為上城門水塘，座落在新界西，而下城門水塘，座落在新界東，恰恰在跨界點，上下兩塘亦恰在東西線上，至於兩塘所擔任的工作任務亦各不相同，分別如下敘述。

水塘分上下　任務分你我

城門水塘和港島區各水塘，除了它因應實際需求，要從英國聘請工程人員擔任設計，所請工人是剛建設完山頂水塘的南洋工人，留下來協助建設這城門水塘的，工人人數達二千多

已維修完的鐵橋為二級歷史建築。

人，在當時來說，這算是個大工程項目了。水塘建成之後，住在葵涌的朋友，到城門水塘去走走，散散步，就等於去後花園打個圈一樣輕鬆易辦；到荃灣小巴站，上到菠蘿壩下車，幾條大路通羅馬，任君選擇。

位在針山旁　大名堪貫耳

舉頭細望，遠山如錐，頂天如柱，這就是鼎鼎大名香港三大尖峰之一的針山，如雷貫耳，值得細加欣賞，三大尖山者，東海邊的「蚺蛇尖」居首，其二就是這裏的「針山」，當乘車穿過城門隧道，回頭細看，又只見針山真容，四周渾圓如錐外，其側還有肩位，讓登山者於此可稍事歇息，這是香港山水的厚道。其三，「釣魚翁」，峰尖更銳，只是高度遜於前二者，初登者以其高度為可欺，及至登其巔而始知此山亦不可欺！

鐘形溢流口為一級歷史建築。見其陳舊，想其歷史。

建塘搬八村　村廢名不留

城門水塘，就在這名峰之下，故遊塘心情興奮亦可預期。

有謂城門水塘，必然牽涉搬村搬遷賠償等等事件，城門水塘有此等事件者二，較為人關注。其一為城門八村，它們散佈於北面山區，有些在塘底及塘側、梯田、村路、台基與風水林，今日還歷歷可見，成為今日打卡點。八村之分佈，特別給繪畫出來，村址亦可於今天路上給有心人找到認出，當局亦應替每條村豎立村名，若村在較深入的亦應給予指示，讓有興趣者得循指示走訪！

建水塘當然要清理範圍內各村村民，它們有八村，名字如下：

① 城門老圍
② 河背
③ 碑頭肚村

鐘形溢流口為一級歷史建築

④ 大牌瀝村
⑤ 羌麻窩村
⑥ 芙蓉山村
⑦ 石頭見村
⑧ 梗山村

他們住到山的頗高位置，往返市區，大埔與葵涌或荃灣都不相伯仲。這些搬遷去的新邨，在錦田都可以見到。城門圍成水塘名稱。

壩是菠蘿壩　原坳產菠蘿

城門水塘第一個與市民接觸地方，就是城門菠蘿壩。這菠蘿壩與泰國引入的小菠蘿有關。傳說有人帶回這小菠蘿，因味甘甜，引人愛食，於是大量種植，出售於市。山區種菠蘿，不需如何管理，方便種植，亦為原因之一。此坳遍植，亦引致縣志亦有記載，故稱此坳為「菠蘿坳」；及因建水塘而於此築成

水塘落成紀念碑為法定古蹟

副壩，並稱為菠蘿壩，亦順理成章。今人有謂遍尋不見一菠蘿樹者，蓋已在當年，由官府已賠予每千棵二十洋，隨後遭砍伐淨盡了。至於鄉間運菠蘿出售而勒收路費致打架事，可有可無，不必敘述了。菠蘿壩名則因產物得名，是必須加以記載的。

當時官府亦准鄉民獲取賠款後，鋤起菠蘿樹移往別處再行下種，因此並無發生爭議。

繞行多舊跡　塘底找故園

城門水塘是旅行非常好用的中介地點，可以自己作為一個行程，自繞一周。而愛大自然者都喜歡繞塘邊走，在塘篤轉落塘邊行時，就會先接觸城門老圍的廢村遺址。城門水塘之名，與老圍村有關。沿馬路上行，在路邊亦可發現其他廢村。

起水壩前村民在此附近山坡種植菠蘿，故建壩後又名菠蘿壩。

水乾時節，塘底那條河背村，就以非常有規模的勢態顯露出來，一條大石板路直插塘水中，村屋台基石過人頭高壘起，村側的梯田一排排橫列，白千層從村後隨風搖曳，顯出保護風水的特有手姿，吸引很多攝影發燒友的目光。這是上世紀二十年代開始浸在塘底的事物。

在過石橋時，沿澗上走，就是香港「九大石澗」之首的大城石澗，所謂大城石澗，就是它從大帽山流去城門水塘的石澗。再過些，又是另一條石澗，大玄、大曹等等，看它流往何處去。是千景堂主李君毅先生的一種命名方式，非常有用，世界通用。

水壩下的豬籠梯

針山　草山　帽山　三山連走氣長

沿壩行，壩盡，上接斜路，跟着入門樓上長命石級，便見到四面渾圓如錐的針山了，針山過去是渾圓如土包的草山，再落就是鉛礦坳，又過門樓，便進入大帽山麥徑八段，上去四方山，跨頂落荃錦坳，霎眼便完成，「針草帽」三山連走。

鉛礦坳出大埔

當草山落到鉛礦坳，亦有多個選擇，其一，下走沿幽徑出大埔墟，記得去到大埔回頭望鉛礦坳的地形：兩山相碰，中間有凹陷者便是。火車路過也宜追望回憶一下。

水塘剪影

鉛礦坳　出猛鬼橋

在鉛礦坳另一路向右平走過四色徑出「猛鬼橋」候巴士。

再一路沿水塘原路向水塘走，慢慢尋訪廢村遺址，有些不在路邊，要費力往山邊找了。找到一個，成功感很大，因少人有此毅力！向當局建議，替舊村豎立名牌。

銀禧廿五載　水塘完工年

城門水塘又叫「銀禧水塘」，因落成那年，剛好是英皇佐治五世登基二十五周年。主壩旁邊豎立了大大鋁牌。雖有上下兩塘，但人們不大喜歡主動叫城門上塘或銀禧水塘，而只叫城門水塘。

龍門郊遊徑

麥理浩徑第六段

賞蝶園

八角形的水掣塔也是一級歷史建築

風景 ★★★☆☆

易行 ★☆☆☆☆

評語 綠林藍空、千樹成列。

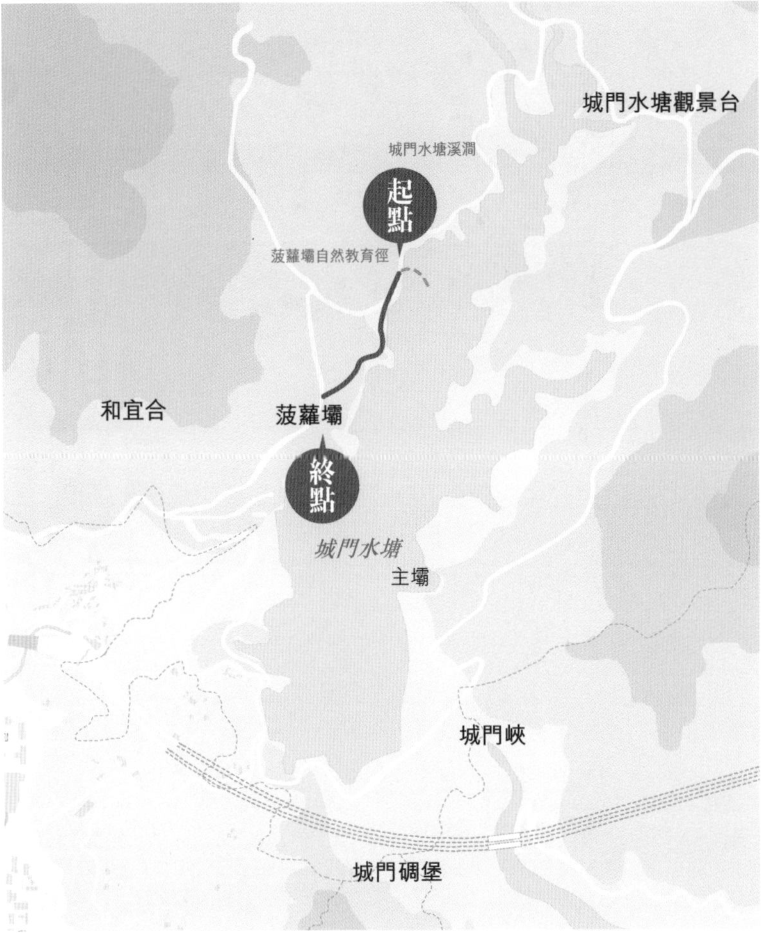

09 下城門水塘

非接上城水
共建淡水湖

下城門與上城門不同，上城門地方開揚，可緩跑、可燒烤、可環走，市民樂於在此闔家暢遊。下城門水塘地處峽谷之間，地形偏隘，徑僻嶙峋，不宜闔家歡，而只合好險探奇者，故其名只流傳於少數群體之中。然而行走其中，刺激處不是為外人道。

建成年份	1964年
容量	4.299百萬立方米
主壩：長／高（米）	228.9米／66.5米
地區	沙田區

重新建造的豎井又叫抽水塔

自偶有愛探奇者發現，便於圈間廣為宣傳，曰石上鐵索也，環抱石柱也，飛渡澗流也，俯越黑林也，雲梯附壁也，削壁履危也……不一而足。然而驚見雙洞出橋，橋上飛車，更歎為觀止。

甘霖連降日　幽壑出奇泉

有見連日甘霖驟降，喜談「山中一夜雨，樹杪百重泉」句，急往欲親歷詩人所經歷者，誰知剛進峽谷，已聞瀑雨水聲，轉見煙雲滿谷，行且團團打轉，飛花四逸，不可摹狀；大喜，更往尋之，堤崖之下，巨形水柱橫飛，若青龍奮起，當之披靡，其力也，其勢也，絕非汩汩細流可同日語，亦非尋常得見，佛家所言之非「緣」莫屬。此又只下城門所可能見。故當遊者從下而上，每躡水濕身而不顧，蓋奇遇難逢也。

水塘上方的雙橋飛渡：城門隧道

連接豎井的鐵橋

而此下城門之重點任務，並非接收上塘溢洪流水，而實有其他使命者。卻是非經點破，真的恍然「不知。」

西九常水浸　商舖居民煩

四十多年前九龍西區每逢一百毫米大雨便即水浸。由深水埗界限街以至旺角彌敦道，莫不水浸馬路，私家車每被淹至電器失靈行不得，水從噴氣喉倒灌而行不得，商舖被水淹浸，門開不得，貨物損失，生意大受打擊，行人涉水有家歸不得。

大道常遭水浸　改善花費應該

曾偶遇渠務高層者，云洩水不暢事，若大事改革，所費不貲。某質疑曰，此市民之生活所繫，商務所繫，財產損失所繫，今民無追討，此民之寬宏仁厚，而港乃世界著名城市，

溢流碗是新建的

市政乃窩囊若此，雨後即淹，有損形象莫甚於此。聽者若有所悟。

勸喻果然接納　反應迅速抵讚

及後翻閱資料，才知洪水泛路乃亦與城門溢水有關，下城門有復收溢洪，引水回收沉澱過濾再分配使用，下城門乃負有專責任務焉。

而另一與上城門騫然有別的，是它是六十年代（一九六一至一九六四年建造，一九六五年供水）建造的四百三十立方米與大埔船灣淡水湖計劃的一部分；故它的建設實與荃灣部分實際無關，卻與今後九龍西部溢洪、渠務疏水回收很有關聯。這是令人意想不到的。

這是個小小水塘，卻擁有鐘形溢流進入隧道水掣塔，可謂了不起及得到重視。它被列作二級歷史建築。

山徑途中的小瀑布，流入引水道。

令人懷舊的碑石

風景　★☆☆☆

易行　★★★☆☆

評語　幽壑飛橋，景奇彩虹貫日，難得。

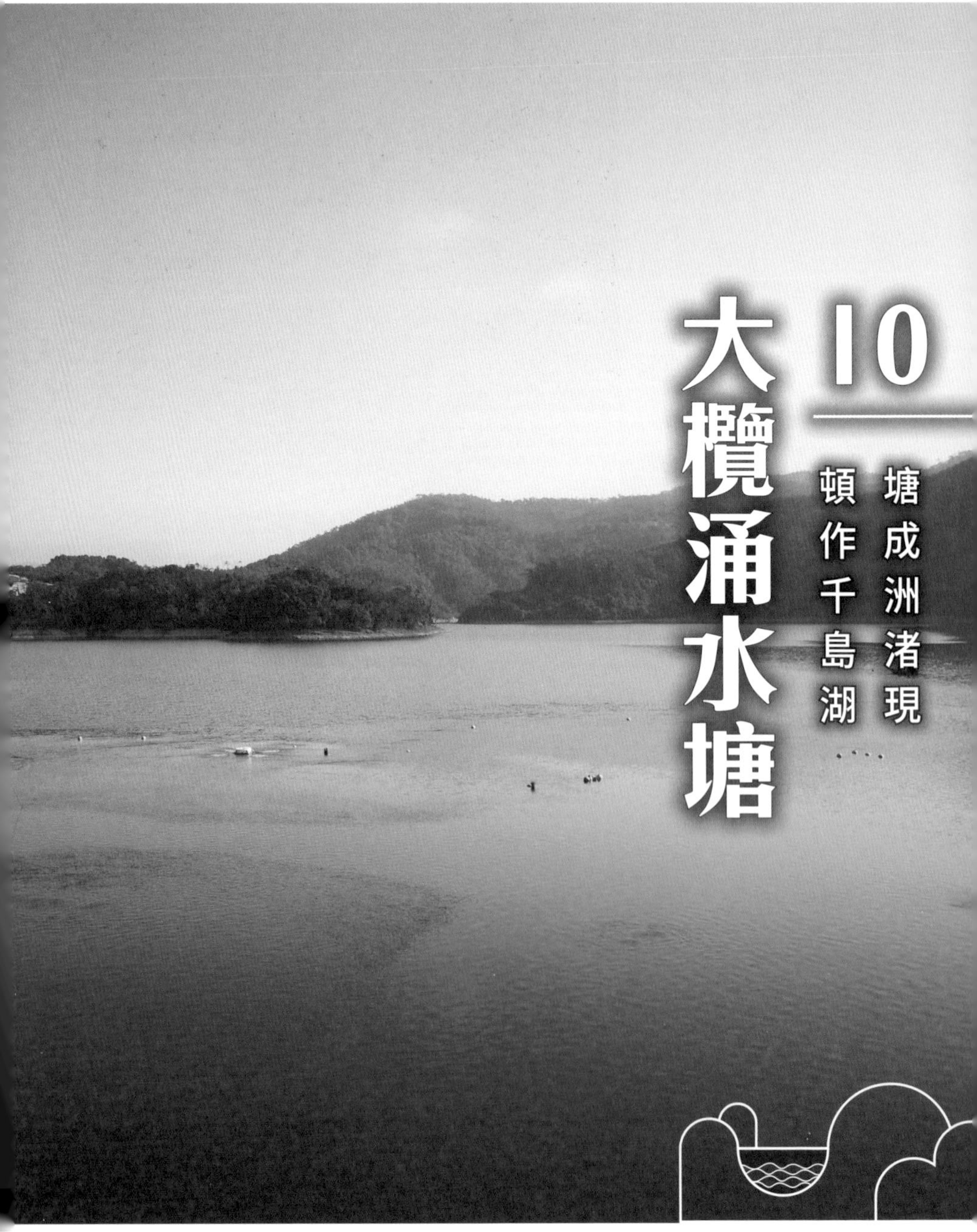

10 大欖涌水塘

塘成洲渚現
頓作千島湖

建成年份	1957年
容量	20.49百萬立方米
主壩：長／高（米）	370米／54.9米
地區	屯門區

大欖涌水塘的水壩雄姿

大潭水塘輸水通往中環的寶雲運水渠道，下方即為金鐘軍營；河背水塘下方即石崗軍營；九龍水塘下面即深水埗軍營；大欖涌簡直就是樓上樓下之間……薄扶林與魔鬼山，大潭與赤柱等，莫不起着互相呼應，唇齒相依的密切關係。

塘中眾多土丘　成為特有景點

故史載英人早在租借九龍新界時，便已對大欖涌谷心懷此計，絕不出奇；直到二戰後一九五二年得到四千萬撥款，一九五七年便建成水塘，碑記港督葛亮洪剪綵。堤壩是石砌的，側還有兩副壩，非常壯觀，塘中留有許多山咀、小丘，灌水後，形成眾多島嶼，更是特有景觀，人稱「千島湖」，假日吸引遊人漫步欣賞，成為消閒郊遊好去處。

大欖涌水塘，似等腰三角形，底邊在大壩一方，南北兩岸成它的等腰，這兩邊夾成的角就是頂上夾角。這頂上夾角所面對的吉慶橋和永吉橋所在廣場，是這水塘的精要所在。

水壩全貌

兩橋又兩村　村去圍又亡

首先，這裏有兩條石板橋，先講第一條，是永吉橋，基本是東西走向，橫跨於山溪之上，橋分兩層，底層直板石，上面再以拱形石塊疊上，目的防止水流漫過下層橋面，行人在上層橋面行過而不會浸腳。

於此可沿北岸直出大欖涌及青山公路，並路過岸旁兩條被遷徙村落舊址：大欖涌村和關屋地，建塘時遷往荃灣，造一圍村——大屋圍。早年再探又已為發展商發展去了，只剩一條大屋街，只有街名而無圍村之實了。

永吉通元朗　吉慶去荃灣

永吉橋附近有山路西出再西北行約三里，即為青山路口所立門樓的南坑排村，外有巴士來往元朗。

豎井塔，外形有別於慣見的。

水塘落成紀念碑

水掣房，好像頂了帽子。

第二最著名的吉慶橋貼近引水入塘溪口，橋下清水泱泱，溪口開闊，看橋窄而狹長，旁設防護欄杆，此橋負貫通荃灣與元朗的樞紐重責，這就是西通荃灣，東及元朗的元荃古道，元朗與荃灣靠此溝通，也因此，此廣場定名為吉慶橋廣場，為行旅中途休憩點，旅行人士亦每行到此放下背包，掏出飲料，小休片刻，享受涼風的好去處。

紀念碑前　懷想創建功績

此吉慶橋廣場上承紅水山系諸多溪澗流泉，下接東江終年不輟江水，因此橋下溪水，與場底流泉，其實早已有成千上萬建設者為輸水工程在宿夜匪懈運作，為此留下不少血汗，在面對地下溪流那些逝者如斯的清泉，識者能不無所思？

副壩景色

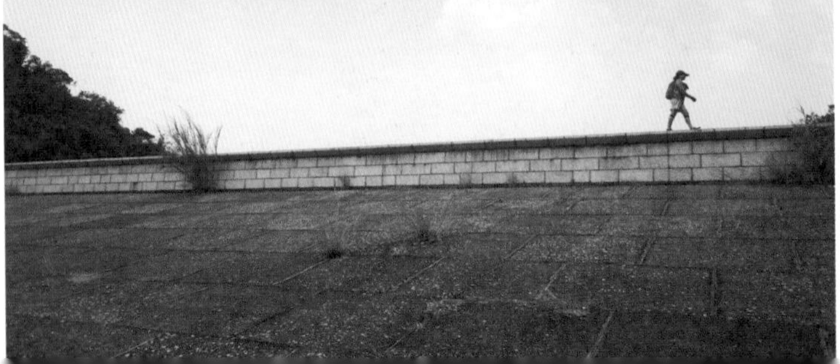

路過雷電區　提防打地雷

當沿吉慶橋前往荃灣時，必路過下花山路段，大家要注意了，由於此路，風光不絕如縷，青馬大橋、汀九斜拉橋，都是世界級建設，世界級風景線；但不要忘記，當風雨如晦時，要特別留意，行雷時刻，這裏打雷不是在天雲間打響幾下便算，而是喜歡把雷電向地面打，這裏發生過意外；這裏山下可能有磷鐵礦、鎢石礦，這些礦特別討雷電喜歡，便特別親近它，向它打下去。此類電流不是開玩笑的，非常強大，動物碰到，鮮有能逃過一劫。

避之一法：根本止步不行，不進入此區；若已入，而且多人隊伍，要切忌打傘，不攜金屬物品，疏距而行，及不在空曠平地站立，把傷亡減到最少。

水塘好風光

量水尺

東江水到大欖涌的入水口

吉慶橋之名，在於它為元朗與荃灣交通樞紐外，還在於它是「古」，非官方所造而是民間自發夾資合力興建；說它古，是上溯到清同治七年（一八六四年）已有，當時由一條青麻石搭建。由此亦可推斷所謂七渡河者，以這地及多山丘多溪澗之地，故需多橋，此吉慶橋今由石屎板長橋，莫非已將兩溪之流合而為一，也說不定聊增趣談。

古祠展姓氏　請你猜名人

水塘頂尖角有小溪從河背水塘來，小路可通河背村，河背村之旁有馬鞍崗。路邊有並不壯觀祠堂，橫額書《范氏宗祠》，門聯時掛《將相家聲》，大家可猜到，這是甚麼人物的祖祠？

周邊地區
永吉橋，上層彎曲，下層直板石，並有欄杆。

宋朝曾出猛人不少，岳飛是其一，以「忠」聞於世；文天祥名句：「留取丹心照汗青」又是以忠傳世；他能文能武，是文武全才；另一位是各位可曾記：「胸中具百萬甲兵」之范仲淹否？遊岳陽樓而曾讀其《岳陽樓記》於樓頭否？這位范仲淹，是出將入相之文武全才，能人也，他的後裔就落籍在馬鞍崗，村口第三間屋，婦人為君道盡滄桑史！經作者鍥而不捨尋得是范氏後裔隨宋南下而居於此。文天祥富而屋大，人多知之；范仲淹不及彼富而屋細，人雖常路過而不知之，恐其不知，特提而頌之勿使忘也。香港有宋之名人後裔於此定居！莫非異數！

東江水輸水道到吉慶橋大欖涌水塘入口工程落成紀念碑

屯門河傍街到大欖涌的43B綠色小巴，過大欖懲教所向上行至大欖郊野公園，或在大棠山路巴士站向上到楓香林到伯公坳行落千島湖清景台。

千島湖清景台　遊人不少

由於要登上高地始能一覽千島湖全貌，因此山路基本上以向上為主，但能飽覽之優美風光實在是值回票價。故遊人絡繹；年青人無畏無懼，年老體力較弱者，就適宜在較低處觀賞。香港政府宜將觀景台完善及美化，方便及吸引遊人。

絡繹不絕的千島湖清景台

建議遊覽路線

掃管笏村→水壩→千島湖清景台→大棠楓林

風景 ★★★★☆

易行 ★★★☆☆

評語 優美環境，近年成為行山勝地。

11 石壁水塘

猺人出沒過時代古蹟

建成年份	1963 年
容量	24.461 百萬立方米
主壩：長／高（米）	718.1 米／54.6 米
地區	離島區

石壁水塘，在大嶼山西南面；面對南中國海。右鄰大嶼海峽，背靠鳳凰崇山；西擁狗牙峻嶺，氣象萬千。此即石壁鳳凰之大觀也。

由法國公司承建

搬遷村民的紀念牌匾

爛頭是音譯　大嶼是古名

大嶼山，是島名，是地名，人不能指認哪一山為大嶼山，島上自南大嶼分流開始，深坑瀝、大磡森、牙鷹山、靈會山、羌山、北大嶼鳳凰山、狗牙嶺、大東山、菪刀屻，以至老虎頭、榴花峒，無一山名與大嶼有關，故英國人只稱此島為「爛頭島」，蓋遠望主山鳳凰雙峰中凹陷，如爛頭凹下，村人亦以此稱為爛頭，英人只是音譯，亦有可接受處。

騰飛天馬　自天東北而降

香港島如跳蚤，大嶼山則如飛奔天馬，頭向西南，尾自東北，以二十一點五里長巨大身形，從天而降迫使馬灣旁水道，成為水流急迫的汲水門。分流角的嶼南界碑是馬咀，分流砲台、石圓環是繫於馬鼻的鈴鐺，鹿頸山是屈蹄

綠油油的大壩

主引水道源頭及出水口

收縮準備躍出的前腳；芝麻灣粗壯後腿屈曲蓄勢待發，完成躍奔狀態；大澳的羌山、虎山，至東涌灣口，是洶湧飛沓的鬃毛，大峯峒至花瓶頂是飛揚的馬尾，銀礦灣是馬屁股，周公島、喜靈洲、長洲、石鼓洲是牠放下來的廢物。石壁水塘在頷項之間，這正是咽喉位置。正是命脈所在，而石壁水塘，正是日常生活飲食所繫的命脈。

造成大欖涌　找到石壁村

當五六十年代，手工工業正值騰飛。每家人都清晨起床，吃點早餐便準備上班去，街上人來人往，巴士擠得抖不過氣，生活特別忙碌，人口也急升，用水決不短缺，當局造完九龍及大欖涌水塘，便急急在大嶼山找到鳳凰山下，選址石壁村山窩整塊谷地，造一個石壁水塘。因背靠都是高山，只要將面海的谷口造一

豎井塔

條堤壩，便可以蓄水成塘了。於是一邊在羌山南坡、大浪村東，與水口半島西面，將山谷口築條大壩攔着，並遷去原住於谷內的石壁大村、墳背村、崗背村、坑仔村遷離，墳背村遷到現大浪村新址。

水塘建大壩　壩路貫東西

這水塘的建設，亦使整個大嶼有最大得着，就是利用堤壩作為貫通整個嶼南及羌山、昂坪的交通，從此大澳與東部梅窩、北部東涌得到聯繫，更把大嶼山和城市可以接通，自然這又有待青馬大橋接通之後。這是舉一得三的效果。

石壁供水　過海香島

石壁大壩並無溢洪通道，因壩下是懲教

宏大的溢水碗

所，大量房屋在壩底，故不能效法大潭在壩頂作任何溢流工程，而改在水口方側造溢洪道，滿溢的水流進孔道後，不是入大海，而是通過管道經周公島再輸到香港摩星嶺沙灣去。照觀察，大嶼石壁的泉水是最少受城市污染的最乾淨的食水。

南宋稱大溪　荒誕叫屯門

大嶼山在南宋時與香港一起，都叫大奚山，其後亦叫大崳山、大漁山、大魚山、大庾山，竟有稱「屯門島」，大豪山、大濠島，最後仍稱島的，則是現在的「爛頭島」。

最早猺人住　亦說有人魚

石壁很早時已有人居住，史載是猺人，即被勞役的人，又有相傳是有魚尾人身。石壁

次引水道的源頭及出水口

石壁古石刻

壩下古石刻是石器時代的例證。為旅遊添興趣，壩下何不塑巨型人魚雕像，遊人可增加打卡點。

墳背改宏貝　今叫大浪村

從宏貝路往大浪灣有十餘戶從石壁搬來人家，村內直街一條，家家向海，街道整潔，首戶有汽水士多供應的小店人家，曾與戶主聊天，說搬來此處貪其清靜方便，原來他們家有汽車代步！灘側有二帝廟，型按壩下原廟興建，海灘清爽。小學一家已塌頂。

巴士上到昂坪　拜佛觀日均可

宏貝路口有巴士，終點昂坪，前往昂坪大佛十分方便，心經簡林必遊之地，雄偉大殿後連萬佛殿，更宏偉，所供奉的佛名非普通輩所

寶蓮寺入口

易記。

登鳳凰觀日出是旅行界每年盛事，庸社每年十一月初必預訂寺方數百床位渡宿，方便凌晨三時起床吃過粥麵，廣場集合，鳴哨起步，人人手電齊明，造成火龍，從天梯腳一直延到登山口，非常壯觀，北風怒號之夜，必定看到冉冉日出。

石壁水塘背靠的鳳凰山，實有兩峰，鳳峰和凰峰，高七百三十三米，鳳峰略高凰峰少許，由於兩峰相距甚近，從山下望之，尤其在某些側位，只見兩峰相疊合而為，只得單峰頂端被砍，於是村人呼此為爛頭山，洋人聽此名而音得爛頭島，此為英文及之由來。

故提議增加旅遊神秘感，請藝術家造人身魚尾人魚造像，增加遊趣，不致單調乏味。

鳳凰觀日登山入口

石壁郊遊徑入口

心經簡林入口

西狗牙登山入口

遊人可先遊覽天壇大佛及寶蓮寺

建議遊覽路線

❶ 環塘遊覽：遊覽石壁景點，盡享狗牙與鳳凰山下景象。

❷ 宏貝路→大浪村→石圓環

❸ 石壁郊遊徑上昂平，風景絕佳。

	❶	❷
風景	★★★☆☆	★★☆☆☆
易行	★★☆☆☆	★☆☆☆☆
評語	名山秀水	古村古蹟

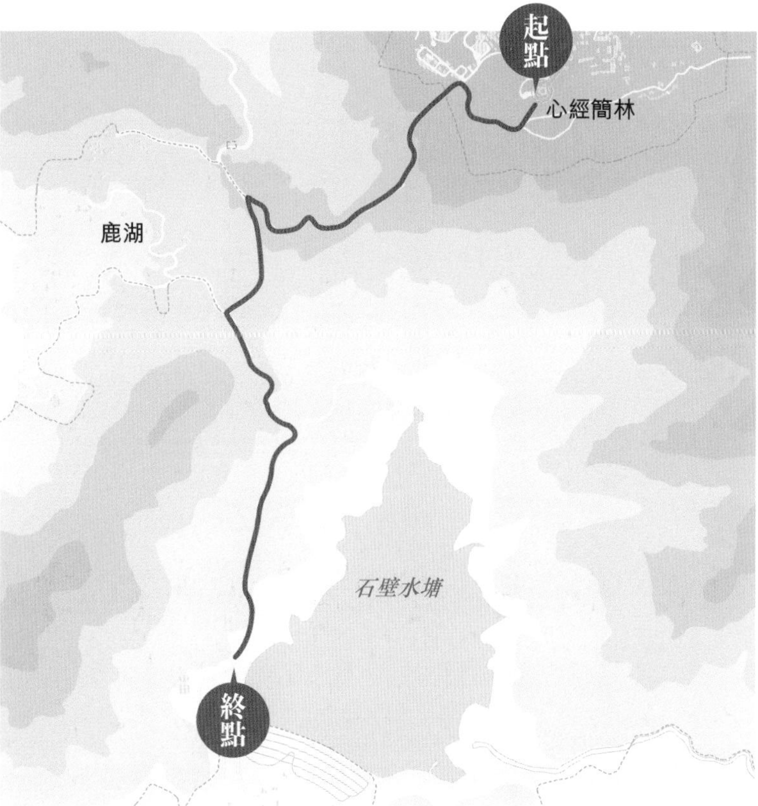

12 二澳水塘

鄉村人建造
自力更生

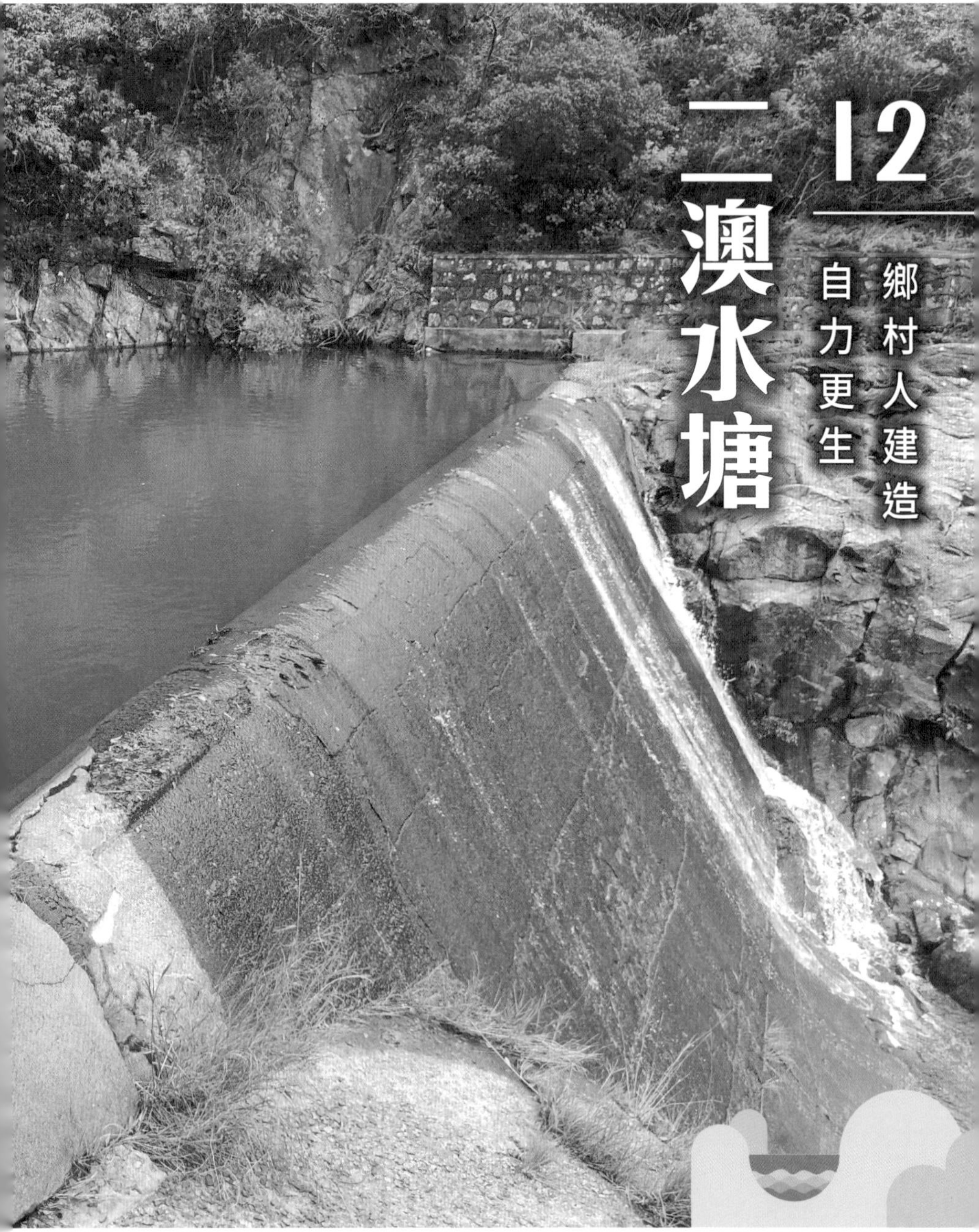

二澳水塘位於大嶼山之西，界於北大嶼區與南大嶼區之間，位分流與大澳中間點，此地有牙鷹角與青林角構成的長海灣，形成優美風景線。

供水給大澳的設施

小形水壩

然後進入二澳新村和舊村，路上還可看到古代學子的學習場地，門樓上標明二澳私塾古蹟；出舊村海中有小島，叫雞翼角，這就是最西的地方，是大嶼山最西，也是香港的最西處。

二澳有澗　叫水澇漕

在進入二澳海灣不遠地方，有山路從山中萬丈布下來，旁也有溪流相伴，這溪澗叫「水澇漕」，因長年累月遭猛力流水沖擊，將水成塘，鄉人亦因需要飲用水，於是修葺堤壩後成水塘，人號二澳水塘，居民稱便。

小形水壩

主要接收來自萬丈布及水涝漕石澗的水源

水天無界　人稱天鏡

溯流而上，攀爬跳躍，忙了手和足，終有收穫；水池一方，仿若天成，流水汩汩，水天無界，人就愛稱之為「天鏡」，然能到此境地者，行山若干經驗方可。

交通資料：沿大澳鳳凰徑第七段行至二澳碼頭附近

風景 ★★★★☆
易行 ★★☆☆☆
評語 風景與難行程度相等，無一定行山經驗，不應嘗試。

專門開發以應付農業灌溉需要，補償因建食用水塘截取農民山泉的不足。

第二章
灌溉水塘

13 黃泥墩水塘

深坑如車轍
上接力水流

此水塘位於屯門區，大欖涌水塘北方一點五公里，沿南脊路可南到大欖涌水塘，接麥徑十段出掃稈埔，北行沿少許山脊到楊家村，西南近兩條水沖溝神仙轍，為行山人士話題不輟的熱點，但位置荒僻，遊人稀疏。

建成年份	1961 年
容量	0.11 百萬立方米
主壩：長／高（米）	57.9 米 /24 米
地區	屯門區

黃泥墩水塘建於一九六一年。

興建原因，是自大欖涌水塘出現，將附近山區水流，俱歸納擁有，山下農民用戶俱感困難，因而在此山谷間築壩截水興建四個這樣水塘供八鄉及十八鄉村民使用。

神仙轍的形成

由水沖溝及山土流失形成的深而大型的深坑，行山人戲稱此為神仙轍。喻其巨形要有神仙所乘車輛，才可造成如此巨大車轍，故戲稱為「神仙轍」，神仙車行過的痕跡。

若沿跡而上，便發覺實由強力水流沖擦而成。源頭的沖坑深廣而大，可見威力嚇人。

水塘剪影

神仙轍的所在地是水塘必經之路

水壩長 57.9 米，高 17.7 米。

引水道水閘

風景 ★★★☆☆
易行 ★★☆☆☆
評語 平素罕見，但注意地滑，小心有大坑在身旁出現。

14 老虎坑水塘

老虎曾出沒
故號老虎塘

老虎坑水塘，源於老虎坑，老虎坑則源於九徑山西部北向之巔，其巔水流不弱，自高可五百米，其末至藍地而止。頂多曲折，中部的三百米直放而下，至近一百米因澗形開闊修長。與築堤壩蓄水，範圍僅僅觸及郊野公園邊界。老虎坑和洪水坑所夾着的山脊，適有開採山泥工程，故行人到此，有進入工地感覺，但也證明你已進入水塘區了。

建成年份	1957 年
容量	0.11 百萬立方米
主壩：長／高（米）	71 米／21 米
地區	屯門區

這個水塘不簡單，時任港督葛量洪親臨揭幕，是當時屯門及洪水橋地區重要的用水來源。

一九五七年興建的老虎坑水塘，又名藍地水塘。

坑流歸於藍地

水塘在一九五七年三月二十八日完成，由時任港督之葛量洪揭幕剪綵，高堤廣壩，長七十一米，高二十一米，儲水十一萬立方米，並立碑紀其事，於堤側石級可見，而至底部仰觀，其勢巍然令人讚歎！

村名多稱老虎　可見老虎餘威

老虎坑自九徑山巔而下，至塘其勢未止，餘流仍可追尋，亦大有可觀。先看看老虎餘威，曰老虎坑村、曰虎地中村、曰虎地下村，曰虎地新村，真是虎虎生威，聞虎色變；其側更有鄉村小祠小寺尋幽一番。然後沿老虎坑北行，數百碼即繞村西折，其間小橋多起橫跨河上，自然此比不上上河圖繁榮。在早晚上下班之際，人流不弱。坑流過元朗公路即傍青山公

郊遊設施：虎地郊遊徑

路，過新慶村和屯子村，入妙法寺而歸於藍地，散落於田隴濕地之間，故又名為藍地水塘，名之其來有自，切勿跟人張冠李戴。

溯坑源全走落屯門

遊歷之一，除追蹤坑澗外，更可直溯澗源，於虎地站側，上行至坳，不落塘，右入屯門徑，依徑到九徑山頂，慢行不難，並可全觀老虎坑全貌，過山頂即全景眼底盡收，非常開闊，然後慢慢下行返回屯門市中心。需有行山經驗，不畏山行方可，初行不宜。

輕鐵屯門泥圍站落，沿福亨村路直行至石礦場向右小徑上行。

福亨村

風景　★★★☆☆

易行　★★☆☆☆

評語　探求為主，創新為目的。有不俗的風景，部份山石斜滑，要小心。

15 洪水坑水塘

發源紅水山系
下至洪水橋

洪水坑水塘，位於洪水坑，老虎坑與洪水坑同在九徑山北面，一在較西，一在較東。九徑山與青山，都是香港新界西部高山，九徑山則高五百米，高不及青山，市民乘車，常常望着九徑山繞其麓而過。

洪水坑分上下二塘。上塘容量細而位置在坑道較高，因坑道較窄而壩寬亦較狹；常見塘水滿溢，越壩而下，人不能過。上塘因位處於高位，少受污染，村民樂於在此取水應用！

建成年份	1957 年
容量	0.09 百萬立方米
主壩：長／高（米）	76.8 米／19.8 米
地區	屯門區

洪水坑上水塘常常水滿溢過壩面，所以最好不要通過。

洪水坑上水塘剪影

這是洪水坑下水塘水壩，同是於一九五七年建造。

洪水瀑流　景色壯觀

洪水坑雖發源自九徑山頂，但高處水資源匱乏，常現不濟。但中下游非常充足，故築壩儲水後，遇巨雨之後，簾瀑越壩而過，除帶來市民爭相拍照欣賞外，此溪流奔流不息，亦可遊賞。

洪水坑水塘　流經洪水橋

沿洪水坑水塘徑北向直行，過配水庫，穿越元朗路，到鍾屋村與和平村，此地小橋群集多起，五六小橋橫跨溪上。蔚為奇觀，再過青山公路，驀見洪水橋真容於此，不禁驚喜莫名，還有小教堂於此相伴；此溪流還未到盡處，到此只及一半路程，還有五里，才到入海之地，那裏已是輞井圍，尖鼻咀了。這真是奇妙之旅，非有探險精神不辨了。

洪水坑下水塘剪影

名有所據　不好亂用

此洪水坑水塘，因下游有洪水橋村而名，又名丹桂坑者，亦因流過丹桂村。都是名有所據，請勿誤用，或甚至張冠李戴。記着洪水坑水塘，因坑流上有條洪水橋，所以叫洪水坑水塘，不會錯。但不要叫它做「藍地水塘」，「藍地水塘」已另有所屬，亦名花有主。

洪水坑水塘環境舒適，是拍攝好地方。

風景 ★★★☆☆
易行 ★☆☆☆☆
評語 沿路村景，適合尋幽探究事實。

16 古洞水塘

麒麟山下 三大途徑

古洞村名，來頭不細。新界公路，亦有一段路是「古洞路段」。

水塘剪影

建成年份	1961年
容量	0.05百萬立方米
主壩：長（米）	55米
地區	新界北區

釣魚好去處的古洞水塘

古洞聲名大　公路有段名

古洞村在麒麟山下，旅行人中「三大連走」，其中就是從上水古洞街市起步，然後輾轉到村路上，到後山山徑古洞水塘入麒麟山，展開三大正式登山長征之旅。

點滴是人生　好好珍惜今天

古洞水塘只是路過的一個小點，如人生中一閃而過的一瞥，現在要介紹水塘，想不到一個小丁點東西也挖了出來，人生就是這樣，這樣就是人生，大事小事，酸甜苦辣，總之你所經歷，皆有其值得珍惜處。

風景　★☆☆☆☆
易行　★★☆☆☆
評語　上山路徑，不算輕鬆遊

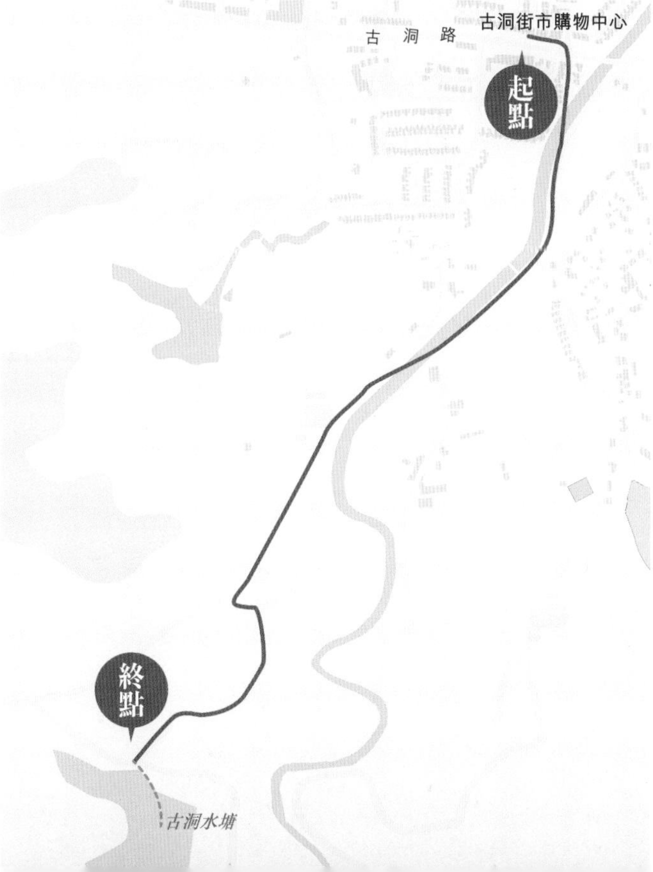

17 鶴藪水塘

水塘雖細小
壩景堪留人

鶴藪水塘與流水響水塘一樣，旅行人士每作為起點，自然亦有作為終點。作為旅人，對於起迄點，只須牢記其出入之處，縱知其有可觀可賞之點。

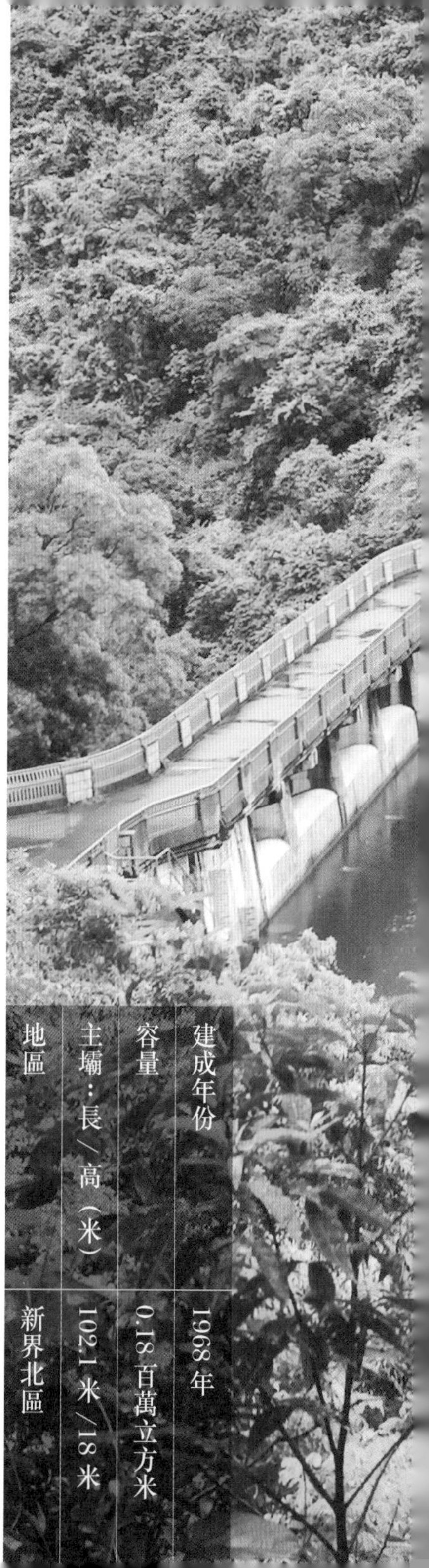

水塘入口

建成年份	1968年
容量	0.18百萬立方米
主壩：長／高（米）	102.1米／18米
地區	新界北區

時光已逝　望山興嘆

挽起行裝已不再是往高山跑，澗裏行已不是石坳、屏風山、黃嶺、八仙嶺，而只是石坳山的山腳，稍沾即止，到此情景，回想當年上蚺蛇、出長咀，過短咀，米粉咀，蚺蛇坳、大浪坳，何等豪氣干雲，不可同日語了，情何以堪。

昔日嫌路短　今日喘老年

我們要盡量欣賞山川之形勝，林木之青葱、鬱翠，樹葉之搖曳丰姿，路徑之盤旋彎曲，路牌之設計心思……然亦自有其趣，為往日頻撲心情所忽視了的，今日去慢慢補償吧！如此如此，又何樂而不為？

壩上再築橋躉，何等氣概！

站在東山下　鶴藪不是圍

在東山下候車亭下車，路牌上寫着「鶴藪圍」的，旁邊的父老已立即更正了。「已經告訴過政府，這是鶴藪村，不是圍了，這裏是村，不是圍呀！但仍不肯改。」

山風輕送　鳥唱蝶飛

沿路北行，林中傳來小鳥唱聲，響亮而有韻，是畫眉的叫聲，配合不錯的心情；一隻顏色黑白的鳳蝶飛過，還有微微的清風輕吹，路雖然稍長、稍斜，過了一個斜坡，還有一個斜坡，上到高台高處，戛然而止。原來窄窄高台後邊就是一列石屎鐵欄杆，下面是望去頗大頗深的潭水，這個就是鶴藪水塘。

塘仔細細　堤不簡單

堤不長，闊可兩人通過，T字橋躉，並作溢洪通道，厚度札實，看來很堅固。這是英式工程設計標準，給人以安全可靠信心，堤上是短矮柱躉，再以兩鐵枝橫貫，可以放心不致掉到塘裏去。可喜的是水塘滿溢，正在溢洪中，塘水如白布張開，組成密排條紋向下流去，急急找個穿越欄杆的空隙捕捉涉供位置！

塘清不嫌細　塘盡上坳山

右岸石屎路，可以直通到塘的末端，沿途是左崖右水，可知塘恰在峽谷之中。路狹而沒有甚麼設置。過坑橋，末端有大燒烤場，並有門樓，是家樂徑，沿之入，繞塘半周，末處接一石階梯，落可回塘口堤壩，上可通往平山仔、沙螺洞，我們落級返回水塘堤邊。

分段的量水尺，將尺分成幾段裝置。

水塘剪影。家樂徑的末端，沿級回堤壩。

鶴藪不見鶴　村尾見炮樓

東山下牌側另牌書「鶴藪圍」，往日只望望然去，今日將會專誠探訪，所見農村味甚濃，村屋一列，面對農畝，或蓋網帳，環境整潔。

或因更樓　改村稱圍

有兩宗祠，一姓劉，一姓鄧，最末屋後，為村後入口，從屋側突起高樓，方形磚砌，高可三層樓，中有幼長方槍眼，是更樓也，舊或稱炮樓，今人多叫碉堡或碉樓。此樓形式與松香園、白沙澳、瓦窰所見類似，云是鄧氏者。仍有人出入。而更樓之興建，或使人誤以為圍村有關，因而稱「圍」也說不定。

鶴藪水塘家樂徑，沿石階上可到沙螺洞。

珠坑橋，俗稱此為拋珠坑。

屏風橋，此郊遊徑上路過兩坑，坑上俱架橋。

由此出村，所見為農場，即「綠田園」也，係分租與城市人，欲假日來此休閒過農家生活者。

石坳山崖望美景

水塘盡處路上石坳山，上到百餘米高處下望此鶴藪塘，水綠而彎，岸黃而曲，綠林相伴，岸路相擁，其景之美，恍似置身於圖畫中。

值得一遊的鶴藪郊遊徑，下山後沿途有很多田園風光。

值得一遊的鶴藪郊遊徑，下山後沿途有很多田園風光。

風景 ★☆☆☆☆
易行 ★★☆☆☆
評語 環塘自有其樂

粉嶺港鐵站旁乘搭52B小巴至鶴藪及流水響

18 流水響水塘

春夏溺如飛瀑

秋冬淙淙細響

「流水響」，一個很鄉村化的名字，其實也很有詩意，頗接「地氣」。這裏亦有流水響村，是先有地名，後才有村名，或先有村名才有地名，不可知也；然有公路直出接沙頭角路者，亦以「流水響路」而命名，可見得到各方重視。清朝時收錄本地風俗集粹的《新安縣志》，亦有記云：「流水響潭，發源處有數石井，深約噚

建成年份	1968 年
容量	0.17 百萬立方米
主壩：長／高（米）	54.9 米／24 米
地區	新界北區

建於一九六八年的流水響水塘，水平如鏡是攝影樂園。

丈，春夏溺如飛瀑，秋冬則淙淙細響。」留意此流水之所以響，實因此處有數石井之潭，水落井中，由高落下，擊水自然有聲，非若平水流溪，只潺潺而去，而琤琮有聲，人愛其聲，因以名其地，此實地名之所以由來，屬「接地氣」的文化表現。

擁山納水　澗詭曲流

水塘既藏於龍山之葱鬱，石坳之突屹，擁泉水清冷，現雲天翠綠，林繞煙霞，水呈天鏡，村人見而樂之，更於流泉之間，溪畔之際，築金欄以伴龍溪，架拱橋以渡龍水，易石路以固履踪，排座椅以供行歇。村人樂之，遊人知憩。此「流水響路」之所以直抵通渠。

不同角度的水塘面貌

龍山雙孖鯉　立村憑風水

流水響西面為龍山，「龍山」乃新界大族立村所賴，與「魚水」（雙魚河）合為山水勝地，故附近有「龍山寺」名寺，五朵金花（芙蓉）之說，最古老立村之地；老圍在大祠堂之側，風水與固有古蹟，遊者欣然駐足。

流水響自井　石井究何方

而為探本尋源計，縣志所云有數「石井」，此「石井」何在，何處，則究其有無，堪為俟後行者追尋之目標所在。孖鯉當不止一脈，為筆者所走索之地，已有眉目，只須按其真確即可作為定案。尋究「水響」之井，該是有的之矢。

流水響除了是旅遊交通要衝，亦屬郊遊勝地，燒烤爐與石桌櫈，分堆成立，各據一方，當無爭拗。此為當局惠民之設。

進入水塘區域，保持清潔。

漫步流水響水塘是另一番休閒體會

百花藤粗壯　靈芝似紙扇張

地有兩異物，供大家搜尋，一為白花藤，徑粗可兩、三吋，蜷曲可兩三尺，臥於塘岸樹下。另一為靈芝之物，張開如紙扇，紋皺如雲，色如赭褐，生於高幹老樹之膝際，長可盈尺，闊則半尺，人稱紅芝，無毒，可入藥；年初趨視仍在，今則不知存在否？詳述之後恐不可久存，為貪者所盜！

流水響道入　到頂分左右

流水響水塘究竟在何方呢？在新界東北近沙頭角，沿沙頭角道走，便找到。因流水響與沙頭角道相接，沿車路入，過燒烤區至到路頂有小迴旋處，向右行，便往流水響。左行即是鶴藪。

粗如手臂的百花藤

龍山橋

流水橋

水通淡水湖　亦農村灌溉

水塘負責收集八仙嶺西北部山水，以增加船灣淡水湖集水能力，故有輸水隧道通向淡水湖，亦肩負農村灌溉責任，因前有樹林燒烤區，環境幽靜蔭涼，深受郊遊燒烤人士喜愛，遊人不絕。

流水響郊遊徑可通往九龍坑山、大埔沙羅洞、鶴藪水塘及衛奕信徑等。

風景 ★★★☆☆

易行 ★☆☆☆☆

評語 適合闔家老幼，可燒烤，可遊覽。林蔭樹下，享受陰涼。

19 河背水塘

山中藏翡翠 環境世人奇

建成年份	1961年
容量	0.5百萬立方米
主壩：長／高（米）	157米／17.4米
地區	元朗區

一九六一年興建的河背水塘，環境開揚優美。

大欖涌水塘截斷了西北山野間自然泉水，令耕作無法取得水源灌溉，因而又建造了四個純灌溉用的小型水塘，而再有副作用，替我們創造了優美的家樂徑。河背水塘家樂徑就是在這種情形下產生的。

群山環抱　河背在何方

首先，河背水塘在深山群抱之中，普通人根本不知它在何處，但唯一知道它附近必有一條河背村。但河背村又在何處？它不似城門，不似石梨貝，人們易於指認方位。到底何方？這是愛好郊遊人士必須拿捏的一點。東南西北方位必定要掌握，各城市的重心在方位中甚麼位置，才能點題命中百無一失。

面對高山　即雞公山

河背村實位新界西北，元朗大平原的大後方，藏於大帽山西北諸脈帳下，河背向北面對的高山，即為掛角山餘脈雞公山。較易認的便是大欖涌隧道新界方向的隧道口轉車站所在附近。

像蛇一樣的水壩長一百五十七米。

這樣往河背水塘

假如你的起步點，從大欖隧道轉車來，只要往回走少許，推開閘口落梯級，向村中入，過兩小祠一姓范，一姓胡，再行便見村校，從側上行，接入上山車路，這是直往荃錦公路雷公田的車路，但行不遠，路側有寬闊廣場，旁並有小馬路從旁邊下來，於此轉入向上行，過青年營地可接到河背水塘去。

塘岸彎曲　水中有島　島上滿樹

水塘有它的特式，不是純粹一條塘岸，有屈曲塘邊，塘中還有不細的小島，島滿綠樹，是它特色，非常開揚，無蔭翳感，沿家樂徑很舒服地繞行一周，到大S型塘壩，令人感覺建設的偉大，故極為適合扶老攜幼到此樹下消磨個上午或下午，可席地休憩。清潭水塘便在附

水塘剪影

近不遠，可以一併走到。這兩個同是灌溉水塘，是後期興建的四個灌溉水塘中的兩個。

雙弧形大壩　使你驚奇

河背水塘令人驚訝的是S型大水壩，它打破筆直舊規矩。說到堤壩，免不了要想起三峽大壩，原來它並不打樁在地底，而是用壩本身重力去阻江水下流壓力，在河床造了大U型石屎模壩在U上面壓住，故壩能在U槽內有規範地移動。

二千米長的環塘家樂徑，需時約一小時。

風景 ★★☆☆☆
易行 ★☆☆☆☆
評語 平原郊野，鄉村風味，老少咸宜。

20

清潭水塘

村民爭灌溉
帽山增四塘

建於一九六二年的上清潭水塘，容量十萬立方米。

建於一九六二年的下清潭水塘，容量六萬立方米。

上清潭水塘

建成年份	1962年
容量	0.1百萬立方米
主壩：長／高（米）	104.9米／20米
地區	元朗區

下清潭水塘

建成年份	1962年
容量	0.06百萬立方米
主壩：長／高（米）	84.1米／24.4米
地區	元朗區

上清潭水塘
水壩長104.9米，高20米。

六十年代香港經濟正起飛，人口增加，用水殷切。建成九龍水塘後，卻把村民賴以灌溉農作物的山澗泉水都截取歸塘了。當局採納民意，便特別造了河背水塘、清潭水塘（上下水塘）和黃泥墩水塘，專供農民灌溉之用。

菠蘿山坡下　有村有清潭

清潭水塘位於清潭村下方，清潭村在菠蘿山坡位置。水塘則處山谷地間，正好匯聚各方山水，地理分佈較廣，分聚兩塘。上塘（東塘）流域取自大帽山，水源較足而流長。下塘（西塘）則集下游之水，取其有餘。然遊人都道過其側，都只見水照雲天，綠林掩水，一派農村景象，十分怡人，卻遊人少予深究。

下清潭水塘

水壩長84.1米，高24.4米。

上下潭有壩　必尋為樂

築塘必有壩，遊塘者必以能踏足其壩為樂。則清潭水塘既有兩塘，好遊之人，必定樂於尋其壩，故極宜遊塘再入村尋壩，自然大有收獲。

建議遊覽路線

從雷公田荃錦路口有巴士站轉入，再一路口是往雷公田村去，不入村，只沿大路直行，牛奶站可添鮮奶糧草，過大樹休憩亭，右邊下望八鄉平原，大山是大刀屻（大頭羊），沿路向左斜出山峽，見路似擱在兩邊水塘中，左右望俱見綠水掩映，綠葉扶疏，景緻宜人，值得駐足。此時已知進入水塘地帶，此公路即為兩塘之分界線，目的只為區別其高低而已。有路口入村，再下行不遠便是到河背村村校，可乘元朗小巴或往馬鞍崗旁的大欖隧道口巴士站。

遊人稀疏的清潭上下塘

一注流水的上清潭水塘

上下清潭堤壩，寧靜的水面。

風景 ★⯪☆☆☆

易行 ★☆☆☆☆

評語 尋幽探勝好去處

另一入口，於大帽山坳下車，轉入甲龍林徑往雷公田口，出口處已是牛奶店，轉左似第一線沿路前往即可。甲龍徑較崎嶇，宜有行山經驗者，弱行者不宜。

風景 ★☆☆☆☆

易行 ★★★☆☆

評語 山路崎嶇，初行不宜。

這是清潭下水塘水壩

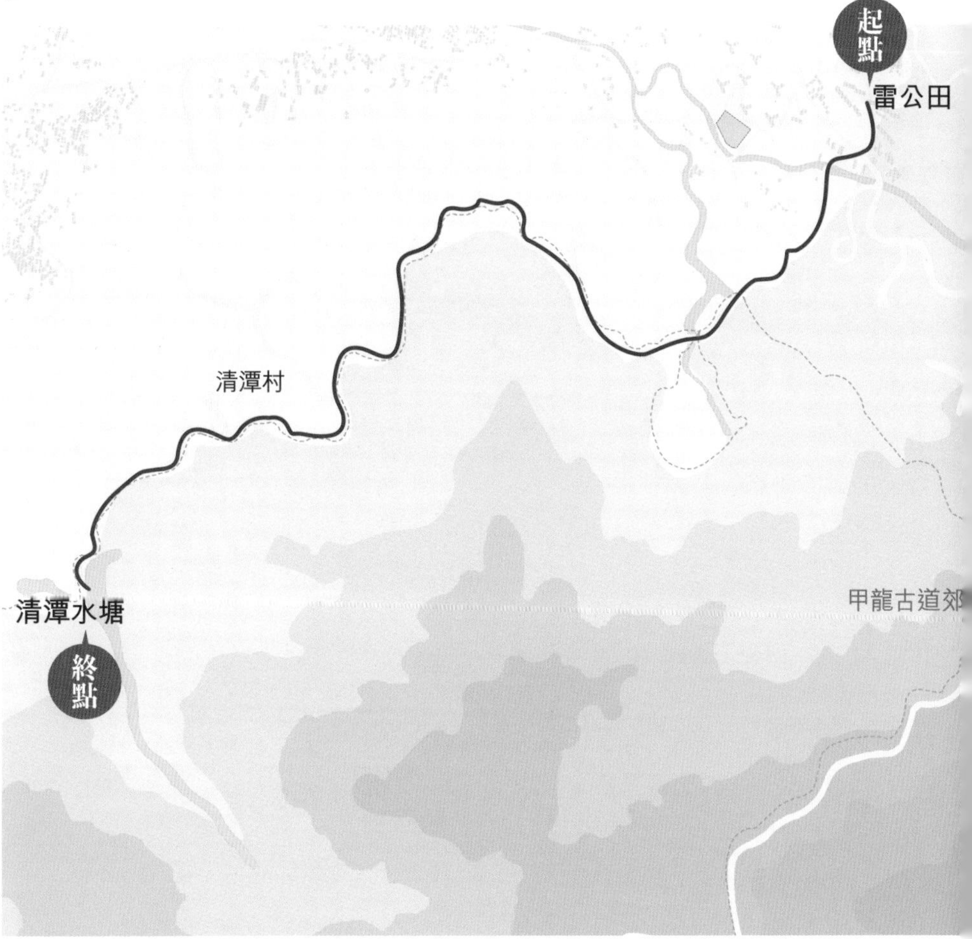
起點
雷公田
清潭村
清潭水塘
終點
甲龍古道郊

21 拾塱水塘

曾為民供水
見喜靈洲長洲

建成年份	1955年
容量	0.13百萬立方米
主壩：長／高（米）	91.1米／15米
地區	離島區

拾塱水塘在南大嶼，梅窩之南，貝澳之東，在從天飛躍而下的天馬，躍起後腿的芝麻灣半島上。今天雖然只是灌溉水塘，但它在一九五五年建成時，曾為芝麻灣附近村落及鄰近離島長洲、喜靈洲居民供應食水，得到居民的重視和歡迎。至一九七零年香港實施了全港供水方才轉為灌溉水塘，回想原因，應該是輸入了東江水之後的事。

拾塱水塘位於大嶼山芝麻灣半島

拾塱水塘是作灌溉用途

所在芝麻灣 風景極怡人

由於芝麻灣是位於半島上，絕少人為干擾，故島上甚為清潔謐靜，有三條注入水塘的山水亦可供飲用。當時為長洲建造的是六吋直徑的輸水管，上岸地方叫「大鬼灣」造了儲水池，還有個噴水池作為點綴。

芝麻灣環境幽靜優美，海際澄碧清澈，小島矗立屏蔽，海灣寧靜，極宜小遊閒坐靜思。

周邊地區

貝澳沙灘

周邊地區

貝澳全景

途徑著名的老人山

交通路線：新大嶼山巴士 1、2、3M、4 號，在羅屋村站下車，沿芝麻灣道經芝麻灣郊遊徑。

風景 ★★★☆☆

易行 ★☆☆☆☆

評語 愛清靜小遊者之樂園。小島綠樹籠陰，環境幽靜，小徑四通八達，適假日小遊。

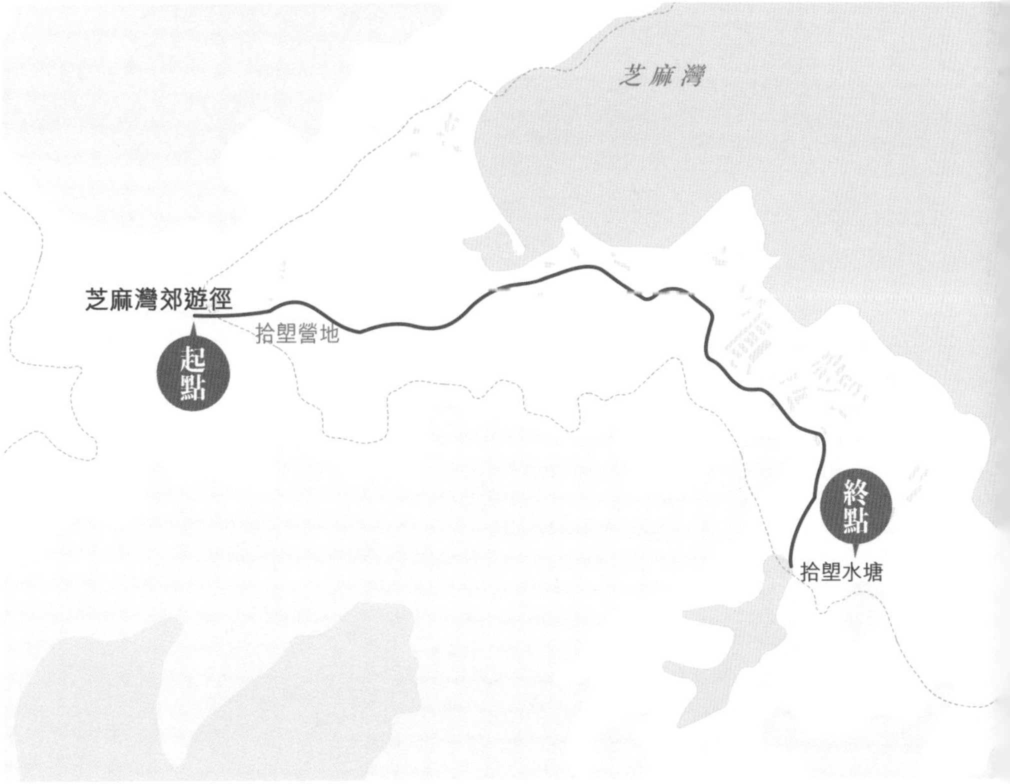

初建目的供市民食用，
後因應供水充足而兼作
灌溉用途，但食水功能
仍然可用。

第三章
供水水塘

22 深井沉澱塘

非屬自家用 更屬大眾用

建成年份	1957 年
容量	0.12 百萬立方米
主壩：長／高（米）	86.9 米／20.7 米
地區	荃灣區

當居民正以喊着樓下閂水喉為苦事時，能夠獲得後山有一個水塘供水，實為莫大喜事。住在荃灣深井，原來就有水源。

深井沉澱塘建於一九五七年，留意火成岩的石堤。

建議遊覽路線

清快塘是位於香港荃灣區的一條村落。西面的「鬼怒坑」又叫「大坑瀝」的溪流，終年供食水給青龍頭一帶居民飲用。由於它的面積相當大，上游流下來的樹枝、泥沙便起到沉澱池的作用。把溪水自然地沉隔起來，便是清泉。還有地下輸水管，把溢滿塘水從隧道送到大欖涌水塘去。

深井有啤酒廠，廠房有將水潭供廠房自用。這河潭與有隧道的深井沉澱塘是兩件事，不可混而為一。

水塘剪影

照片記錄了拍攝季節，山樹雖依然青綠，塘邊岸草卻已耐不住寒冷，而枯黃了。

AGRICULTURE, FISHERIES
AND CONSERVATION
TAI LAM COUNTRY
SHAM TSENG MANAGEMENT
深井管理站

晚秋時份的深井沉澱池

建議遊覽路線

假日，有遊人穿過民居間小巷上後山，到清快塘村小店玩耍及觀賞滿池荷花去。

風景 ★☆☆☆☆

易行 ★★☆☆☆

評語 上清快塘，有長斜路、荷花池塘及小食店。

23 愉景灣水塘

因現代而生 因發展而止

愉景灣水塘，又是一個使用了二十年而終止的另一個水塘。

初建於一九八零年代，發展商在大嶼山大白灣、二白灣一帶取得發展權，於是展開建築項目，西式洋房展現於林木之間、海濱之際，水務當局以人口不夠條件而不提供供水計劃，故要求發展商挖塘儲水，自此建立愉景灣私人

建成年份	1982 年
主壩：長（米）	約 250 米
地區	離島區

愉景灣水塘是私人屋苑的私家水塘。

豎井及溢水碗

由土石堆築的堤壩

水塘。它可以供給二萬五千人食水，包括灌溉用水。

發展商有魄力　既建屋又造塘

及至一九九三年，發展商發現水塘水位下降，於是向水務局提出供應食水計劃，但部分居民以私人水塘供應食水一向優質為毋可爭辯之事實反對；直至二零零零年底，由水務署從大欖涌水塘經愉景灣輸水隧道向區內供水而止，愉景灣水塘只作沖廁、灌溉用水。由供水以至停止供水，水塘食水供應功能與拾塱水塘同樣運作了二十年而已！

大欖涌水塘與愉景灣，俱在陸地之南，大欖涌之水應從小濠灣登陸過峽而入大白灣。

途中的小水潭

建議遊覽路線

從碼頭上行至大馬路，轉入稔樹灣，沿岸過長沙欄，賞田園海岸風光，出接大水坑神學院「苦路」。

交通資料：愉景灣經愉景山道上行

愉景灣大白灣沙灘

風景 ★★★☆☆

易行 ★☆☆☆☆

評語 從歐洲般城市與漁農鄉村，只是一箭之遙，咫尺之隔，篤於宗教者，更有進入聖地感覺，切勿忽略此旅程。

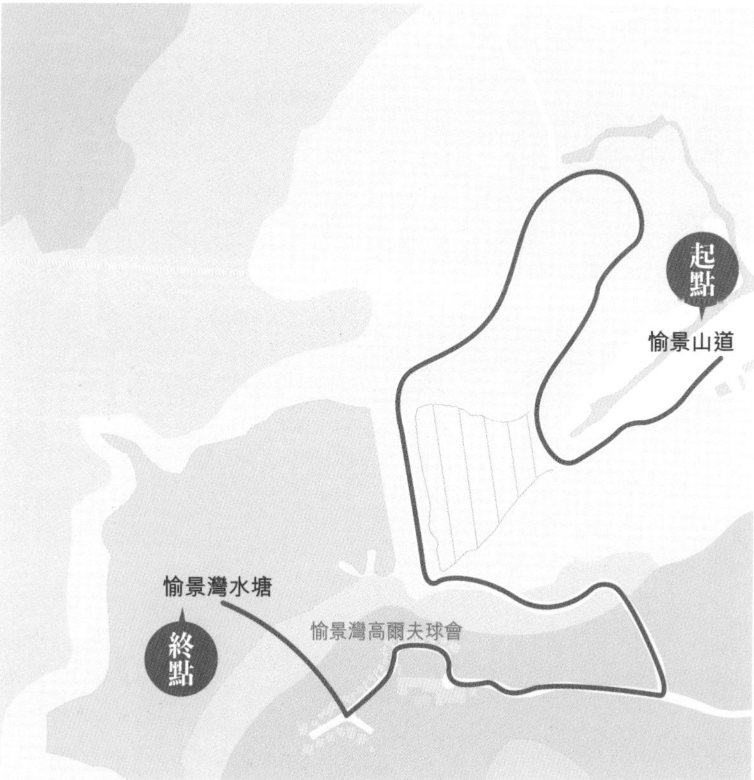

24 牛烏水塘

兩弧相交成人字 水壩有奇形

根據李千景先生的命名規律，「牛」應是牛押山，是與馬鞍山相互對應做成馬鞍的山峰。「烏」應該是「烏溪沙」了。這是水塘而不是石澗；那麼，這水塘應該在牛烏石

牛烏水塘剪影

澗之上。就是牛押山上有條溪流，沿山峽而下，奔向烏溪沙去，中間有大凹陷處，足以作為容儲溪水，且能號之為塘——足見面積不小。於是人們冠以「牛烏水塘」之名。

塘在深山裏　造塘有心思

當你接觸這牛烏水塘時，一定有深印象，這印象深刻得一見難忘，以後都不會忘記；我們對水塘堤壩的印象，都是直直的，或者是彎成弧形的，最特別是S形的，是嗎？但這條壩卻是「人」字形，壩中央像尖峰向中央凸出去，真的未曾得見。實際形成雙凹弧形。

第二，這壩面出奇的窄，而且成凹坑形，人家可以讓車子在上面走，它卻像連人走過也不歡迎似的。

藏在深山中的牛烏水塘

風景 ★☆☆☆☆

易行 ★★★☆☆

評語 深山不見人，不聞人語響。

25 牛角涌水塘

供水吉澳島 位在紅石門

水塘剪影

石碑內碑文：

牛角涌水塘是吉澳供水計劃。此水壩於一九七二年十一月四日建成；設計者：香港工務司署水務處；承建商：海港工程有限公司牛角涌水塘在何處？這要有尋幽探勝精神才可以找到了。它是在紅石門村附近，紅石門村近紅石門海邊，牛角涌外是大水湖，這水塘在紅石門村後山上，從紅石門坳落山即到；上有石堤攔水成塘，但時有水滿水涸之虞。

下有村民兩三戶，偶遇村民從外回來住宿，但今見更破舊。旁有蠔塘，結柱成串，塘水澄潔，不知能養得肥肥大大蠔隻否？但今見堤基已破，石堤也抵不住風浪，碎石滿地。

廢棄的蠔塘堤壩

紅石門的岩石因含豐富的鐵質，風化後呈現漂亮的赤紅色，是香港特色景點之一。

兩咀相對成門 顏色少見殷赤

村口外望海面兩咀互對成門，顏色殷赤，因成紅石門，風景此間獨絕。

長窩、戶洲塘是往日鄰村，長窩只剩屋基數方，荒草處處！

下行數十步為花籃坑，上有狀似花籃石。

牛角涌堤側有碑刻字，記完工年日。

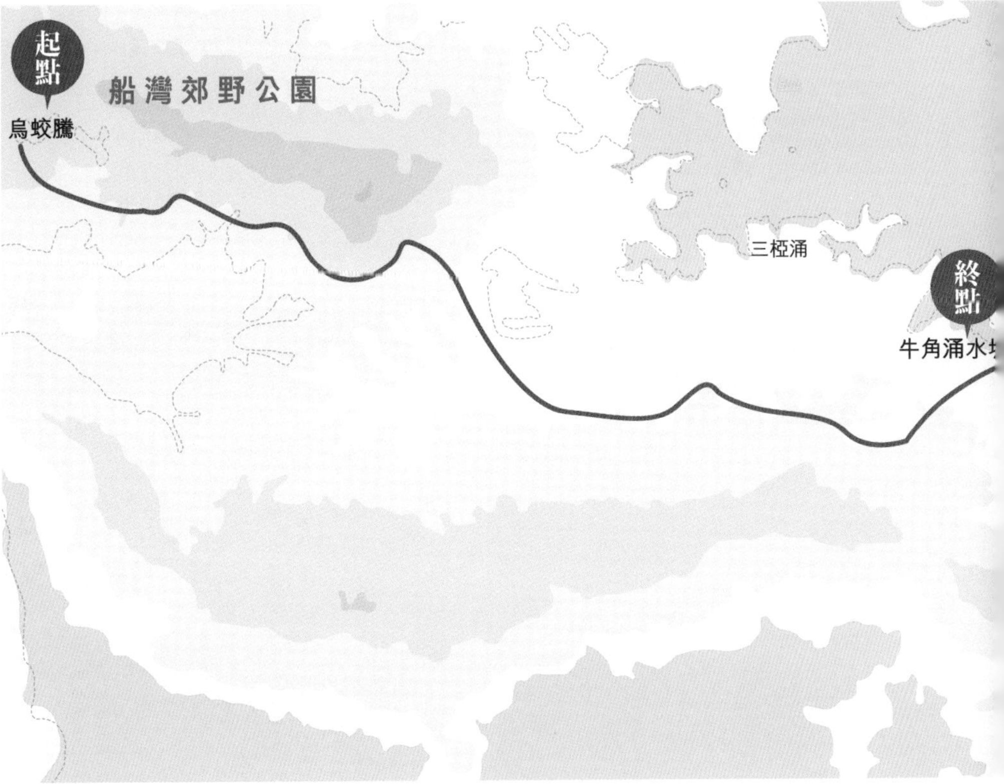

最初建立是因應專業用途（如製糖、造紙、釀酒等），而又為市民供應食水；但隨着社會發展而遭淘汰。

第四章 昔日水塘

26 七姊妹水塘

造塘需用水
位在賽西湖

建成年份	停用年份	容量	地區
1883年	1977年	0.68百萬立方米	東區

已填平作為賽西湖公園及私人屋苑

沉澱池遺蹟

已給封閉的七姊妹水塘引水道

港島東區水塘主要因太古洋行，於一八八一年在鰂魚涌開分公司，並於一八九四年設糖廠，需水甚殷，遂於柏架山及寶馬山開挖三座水塘，其中設於寶馬山的，號稱七姊妹水塘，亦叫「五號水塘」，以地名稱為「賽西湖水塘」。

七姊妹水塘除最早建造，容量也最大，它除供水太古糖廠外，也供水鄰近地區居民；在旱水季節，也曾以鐵船將水塘中水運往中環應急之用。

此水塘滿溢時水經明園西街及糖水街，造成水淹，為人詬病。

現今公園遺留五號水壩水管隧道，隧道口或說留有痕跡，如今尋找未獲。

水塘遺蹟

27 太古水塘

散入尋常百姓家
遺蹟何處尋

攔石壩

建成年份	1884年
停用年份	1977年
容量	0.68百萬立方米
地區	東區

太古水塘是私人水塘，隸屬太古擁有，因該公司生產蔗糖，需大量用水，因而在港島東部建造三個水塘：

其一，位於柏架山下，人們稱之「鰂魚涌水塘」；

其二，現今康怡花園B及C座南端百米，有主壩遺蹟，康景花園南山谷有引水道痕跡；

其三，位今寶馬山賽西湖公園內有水道遺蹟。

跨引水道石橋

隔沙池

水塘遺蹟，開關水閘設施。

太古水塘引水道遺蹟令人懷緬過去歷史

28 佐敦谷水塘

舊址多傳說
今見已茫然

佐敦谷水塘是一個為九龍東居民供應食水的水塘。彼時九龍牛頭角、淘化大同工廠、福華邨均極需用水。一九五八年建議於佐敦谷截取溪流蓄水作塘，有二十三萬立方米後來改為海水沖廁；到一九八零年，同馬游塘水塘一同改作堆填區填平，並修建為佐敦谷公園。並留有抽水站設施，可見遺蹟是僅有剩餘主壩。

水塘傳言詭異，但有物可證者該地前身是墳場遺址，傳說曾用來埋葬均益倉大火死者。

建成年份	1960 年
停用年份	1980 年
容量	0.2364 百萬立方米
地區	西貢區

曾作為堆填區的佐敦谷水塘，現已復修成觀塘區最大而美麗的佐敦谷公園。

29 馬游塘水塘

人面不知何處去
水塘已遭幾回平

馬游塘是一個小型的蓄水塘，位置在現將軍澳隧道出口與清水灣道附近，因發展需要已遭填平。作堆填區，上滿種樹。

遺蹟經已完全湮滅，用途多次改變，無法追尋舊物遺蹟。

附錄
解決食水需求的方法

東江之水 不可不來

香港四面環海，海水不缺，但沒有淡水。香港開埠時都依靠溪水，落雨時收集雨水，農村還可以開挖水井，「打井為食」。於此我想到古羅馬人每到一處，都為城市開挖水塘及輸水工程，我們則還在啟蒙階段，都是望天打卦；天旱，水塘缺水見底，塘泥為之龜裂，水務局要響起「制水」的緊急呼聲。市民的神經不禁緊張起來，樓下門水喉的喊叫聲，此起彼落；街上的小廣場，都裝有街喉，一條喉管，連接着十個八個水龍頭，水桶面盆、水壺、飯鍋，都往水喉下塞，爭先恐後，惟怕時間一到，輪到自己時水喉頭上已涓滴不出！就是這種心態，使人們個個爭先恐後，不肯相讓。正在開工中的，也要放下工作，向管工說聲「返歸輪水去，否則無飯開呀！」管工聽了亦無可奈何，即使正在趕貨趕工也要放人。反正四天才遭逢一次。回到家裏，老老嫩嫩都要出動，不能擔抬，也總要把水桶擔挑照顧好——就是要全家總動員起來。用郵輪到珠江口吸取淡水輸港，貴，也總比沒水好呀！當看到沙漠地方向地底挖下去，幾百尺深，百尺寬，人走下大深坑去才把水打上來；那也給人以希望！

恰巧深圳那方準備建造水庫，於是香港興起叫做「東江水購買計劃」，那是從東江（廣東還有西江和北江）適當位置，抽吸江水至深圳水庫，再輸往香港來，不就會淡水源源不絕了？

上世紀六十年代初，深港供水計劃已在展開，剛巧周恩來也在深圳，得到批准，協議計劃也被批准，而且深圳方面還準備不收費用，港方堅持付出適當付費，當時是每立方米收取一元。

此後隨時代變化，協議也在逐次變化。一九八二年六月解除六十年限水令，即香港可以享受二十四小時無間斷供水。唯近數十年香港工業倒退，來水多於消耗。水塘已有水滿之患了，側聞淡水湖已不用供水給市民食用。

這輸水工程及購買過程有很多湊巧，很多機遇適逢其會，深圳適在建造深圳水庫，亦需要建設輸水渠道。

這是個北水南調跨區調水計劃，因中間還有個分水嶺，有條石馬河，它本是由南向北的，還有高四十六米山崗；因此，要把東江水抽到深圳水庫來，不止北水南調般簡單，而先要把水提升四十六米高度才可以。於是將石馬河改成人工河，在上面分八個抽吸提升站，逐步將水提至頂點，然後自由流奔入深圳水庫去。後來在一九九八年的改造擴建工程，自東江抽水改以喉管密閉式輸送到深圳去，也減少受石馬河的污染影響。而香港也可以永久解決水荒之苦。

東江水到港輸水情形

東江水進入香港後，先入木湖接收池抽水站，用四十八吋管道經文錦渡至粉嶺、石崗而入大欖引水道，此段足十公里長；用五十四吋管道從梧桐頭到大埔頭入船灣淡水湖，這裏可再泵流下城門水塘沙田濾水廠。讀者從本書的水塘建造，並從其中功能，也可先了解些許作用。圖一是石馬河泵水提升功能及分佈圖。但自一九九八年改用管道抽泵後，已遭削減，但可粗略了解初期輸水的用心。

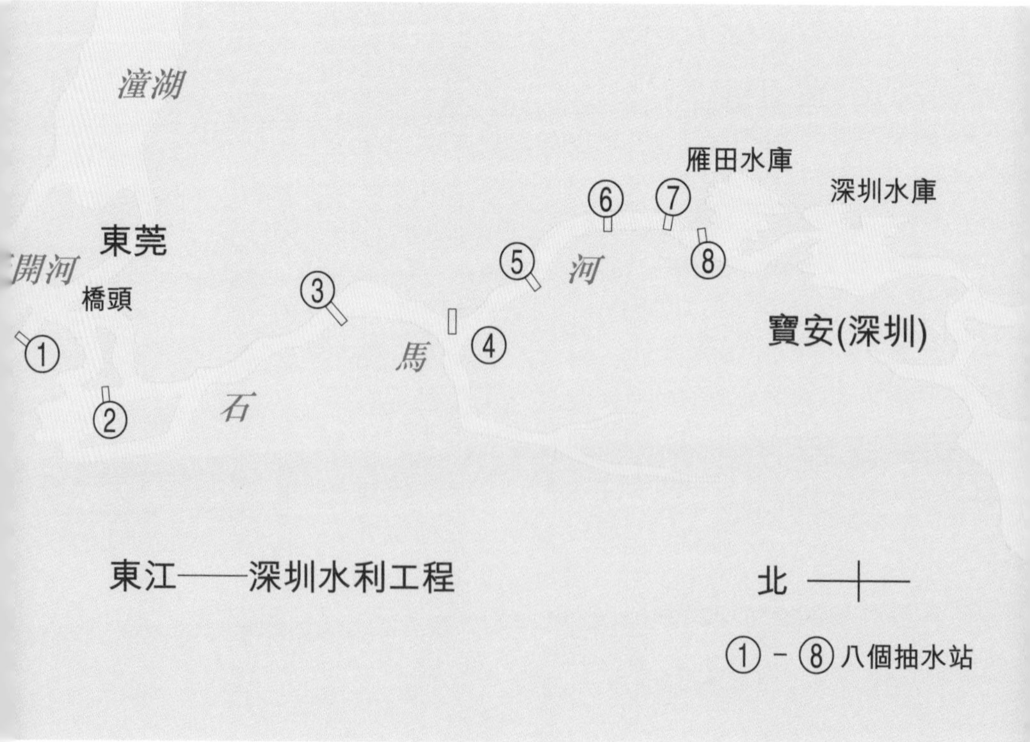

東江——深圳水利工程

直到二零零三年六月東江供水專用輸水管道落成啟用以來，東江對港輸水路線已毋須走經石馬河。詳情可見圖二。

海水化淡之可能

追求最便宜的食水供應價格，這是理所當然的。進一步當然是想取之無缺，用之不盡那就得利用地球用之不竭的海水，只要想法除去海水之主要成分鹽，我們就可以獲取大量飲用水。

水的分子是氫和氧組成，即是兩個氫和一個氧復合成水分子，每個中學生都

圖一：總平面佈置示意圖

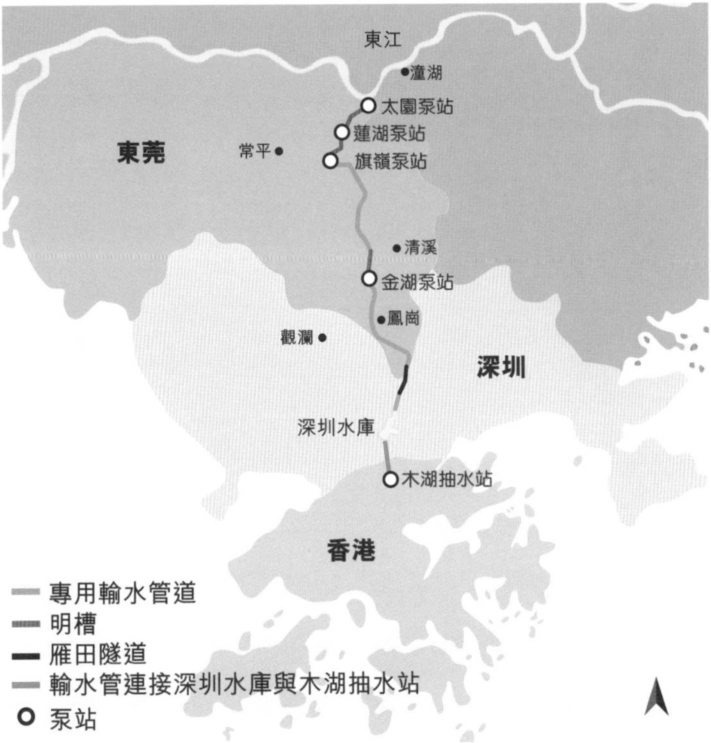

圖二：東江對港輸水路線

做過這實驗。因此只要將水進行電解，就可以得出合成水的最基本原子（元素）。然後再將這兩種元素合回原形，得出來的便是純粹的「水」分子，裏面攜的雜質如鹽及其他礦物都留在容器內，氫和氧由導管由收集器回歸成水，這便是我們在市面買到的蒸餾解渴飲料。

大量除鹽去菌生產食水的工序，是通過過濾以去除微粒，紫外線、吸附等方法以殺菌，這些技術都很成熟。但在除鹽方面，還有很大改善空間，耗能大，和帶來二次污染。

現在有較低成本少污染的是施加電場，強制離子向相反方向移動並吸附，增加吸附力，一旦去電，便析出電離，得到除去雜質的效果。世人正等待海水化淡的成果。

漫步遊水塘

著者
黃梓莘

攝影
王新民

責任編輯
李穎宜

裝幀設計
鍾啟善

排版
何秋雲　劉葉青

地圖繪製
萬里地圖製作中心

出版者
萬里機構出版有限公司
香港北角英皇道499號北角工業大廈20樓
電話：2564 7511　傳真：2565 5539
電郵：info@wanlibk.com
網址：http://www.wanlibk.com
http://www.facebook.com/wanlibk

發行者
香港聯合書刊物流有限公司
香港荃灣德士古道 220-248 號荃灣工業中心 16 樓
電話：2150 2100　傳真：2407 3062
電郵：info@suplogistics.com.hk

承印者
美雅印刷製本有限公司
香港觀塘榮業街 6 號海濱工業大廈 4 樓 A 室

規格
特 32 開（210mm × 148mm）

出版日期
二〇二〇年十一月第一次印刷

ISBN 978-962-14-7288-5